中国礼乐文化丛书

彭林 著

家教与门风

上海文艺出版社

家教与门风 |目录|

### 第一辑　礼乐与人文
3　礼乐：中国传统文化之心

15　礼，文明古流不可弃

18　礼乐皆得，谓之有德

31　礼乐文化与和谐社会

### 第二辑　家教与门风
41　如何延续我们的"家风文化"

44　品味《颜氏家训》的人生智慧

46　传统家庭礼仪与当代儿童教育

55　行修言道，礼之质也

60　礼乐人生成就君子人格

### 第三辑　风俗与社会
67　发挥礼仪导向规范作用

70　节日与送礼：礼的本质是尊重

74　社区礼仪：敬、静、净、雅

81　从"拱手礼"之争说起

85　从传统文化看荣辱观的养成

92 国家元气,全在风俗

100 礼之用,和为贵

## 第四辑　传统与当代

107 重拾中华之"礼"的当代价值

110 明礼说

113 信仰危机与中国传统文化

118 中华礼仪与现代社会

126 中华礼仪文明期待振兴

## 第五辑　中国与世界

139 人格与国性

144 礼乐文化与当代工业文明

155 守住民族文化这道"万里长城"

165 用传统礼仪重塑中华民族形象

172 中华文明中的普世价值

184 民族文化与民族命运

195 多元时代需要更强大的民族精神

第一辑

# 礼乐与人文

# 礼乐:中国传统文化之心

1963年7月,美国学者邓尔麟前往台北拜访著名史学家钱穆先生,教中国文化的有关请益。钱先生指出,中国文化可以归结为一个"礼"字,这是中西文化相区别的关键之所在。他说,"在西方语言中没有'礼'的同义词。它是整个中国人世界里一切习俗行为的准则,标志着中国的特殊性","中国人之所以成为民族,因为'礼'为全中国人民树立了社会关系准则","要了解中国文化,必须站得更高来看到中国之心。中国的核心思想就是'礼'。"[1]钱先生的论述非常精辟,不如此看问题,就无法从总体上把握中国文化的精神。

## 周公"制礼作乐"是历史的选择

以礼乐为一国文化的核心,在全世界堪称独一无二。中国人之所以走上这样一条道路,有其深刻的历史原因。

---

[1] 邓尔麟:《钱穆与七房桥世界》7页,社会科学文献出版社,1995年。

在洪荒时代,人类为了生存,首要的任务是解决物质需求,于是,人类渐次发明了农业。两河流域的居民最早培育成功了小麦和大麦,中国人最早培育成功了小米和大米,印第安人则最早培育成功了玉米。这是农业文明的三大发祥地。中国地域辽阔,小米是中国北方旱作农业的产物,大米则是南方稻作农业的产物。考古学家在河北武安的磁山遗址,以及浙江余姚的河姆渡遗址,分别发现了小米与大米的遗存,数量都达十几万斤。两个遗址的年代,都是距今七千年,证明南北两大农业文明发煌甚早。它们经过几千年的交流与融合,汇合成为夏朝的青铜文明。又经过四百年进入商朝,物质文化进一步发展,青铜文明臻于鼎盛,社会生活进入繁荣期。

中国传统文化是礼乐文化,通常省称为礼。认识礼乐文化,要从周公"制礼作乐"说起。历史上的殷、周两朝,性质判然有别:"殷人尊神,率民以事神,先鬼而后礼。"[1]殷代的青铜文化高度发达,可惜迷信鬼神,怠于民生,尤其到了纣王,更是自信有天佑神助,过着酒池肉林的糜烂生活,并用酷刑镇压反抗者,激起天怨人怒。

周武王顺应民意,在牧野与纣王决战,腐朽的商王朝顷刻覆亡。武王克商不是以暴易暴,而是一场全新的革命。西周初建不久,武王撒手人寰;继位的成王尚在襁褓之中,不能亲政。周公摄政临朝,开创了他的以道德为灵魂的新政,制定了一套体现道德理性的典章制度,史称周公"制礼作乐"。著名学者王国维先生说,"中国政治与文化的变革,莫剧于殷、周之际";周公制礼作乐,是

---

[1]《礼记·表记》。

"旧制度废而新制度兴",具有划时代的意义;"其旨则在纳上下于道德,而合天子、诸侯、卿、大夫、士、庶民以成一道德之团体","周代之制度典礼,实皆为道德而设"。[1] 中国礼乐文化的底蕴由此奠定,其后经过孔子的提倡,用礼乐化民成俗,成为古代中国经邦治国的基本模式。

## 礼乐文化的学理

一个国家、一个民族,人口众多,人的性格、好恶、习性各异。人有精神家园,人的思维活动极其活跃,如何凝聚人心、管理民众,是社会发展的最大课题。国家不同,文化传统不同,管理模式也就不同。世界上有相当一部分国家依靠宗教管理社会,如阿拉伯地区主要以伊斯兰教的教义治国,印度曾经以佛教思想治国,欧美地区则主要以基督教的教义统一民心。这些地区的文化,都以神为中心。例如基督教文化中,有一个无所不在、无所不能的上帝在主宰一切。《圣经》说,每个人的心灵里都有邪恶,没有一刻不想做坏事,所以人性是恶的。这邪恶是与生俱来的,不学就会,不教而能的,尽人皆然,故称之为"原罪"。这种邪恶如果得不到抑制,人就会无恶不作,最后成为恶魔,被打入地狱,永世不得翻身。只有基督的血,才能洗涤你的灵魂。为此,人要把灵魂交给上帝管理,每天祷告,做错了事要忏悔,若是一错再错,则要受到法律的惩处。

---

[1] 王国维:《观堂集林》卷十《殷周制度论》,中华书局,1959年。

中国文化是以人为中心的文化。几千年来,中国人坚信天地之间有道德,有公理,有正义,得道多助,失道寡助,相信人有良知,人性本善。在中国文化里,人的灵魂是要由自己来管理的,通过终身的道德修为,可以成为君子,甚至成圣成贤。道德是抽象的范畴,如同空气,看不见,摸不着,无色无臭,但它确实存在。不言而喻,如果长时间失去它,就会出大问题。《礼记》说:"礼者,理之不可易者也。"礼是根据道德理性的要求制定出来的制度与规范,是道德理性的体现,遵守礼,就是遵循道德理性,两者是一而二,二而一的关系。

儒家的任何理念都是通过礼来展现的,他们不是空喊道德理想,而是把它融化、落实到社会生活的每个层面上。离开了礼,中国文化就成了空谈。试看:

中国人的理想社会是天下为公的大同世界,有关的权威表述,是在《礼记》的《礼运》篇,可见是属于礼的范围。国家的典章制度称为礼制,建立一个好的国家制度叫"制礼作乐",这个制度破坏了,就叫"礼崩乐坏"。

人与自然如何相处,在中国文化里,也属于礼的范畴。《礼记》里有一篇《月令》,记载了一年每个月的天象、物候以及当行之令等,其中有春天不得砍伐幼树,不得捕捉怀孕的母兽,不得掏鸟窝等保护自然、保持生态平衡的规定。这些符合道德理性的规定,是用礼的形式向社会公布,要求全民执行的。

人与人如何相处,不同的社会身份,彼此如何称呼,如何说话,如何表达尊重,如何安排席位,如何坐、卧、行、走等等,是礼的重要组成部分。《仪礼》一书中的《士相见礼》、《乡饮酒礼》、《乡射礼》等篇,说到这方面的许多规矩;此外《聘礼》、《觐礼》等篇,则记载了国与国之间、贵族之间的交际礼节。

人如何自处,人生如何度过,更是礼的重点之一。人生是漫长的,但关键之点只有几个。在人生的关键点上,寓教于礼,通过"人生礼仪"来进行人生教育,是中国礼义文化的重要特色。例如,在男子年满二十岁时,为之举行成年礼,教育孩子从此负起对家庭和社会的责任;在孩子结婚时,为之举办婚礼,教给他们懂得"合二姓之好"的道理。在亲人逝世之后,举行丧祭之礼以表哀思,教育后人慎终追远。如此等等。在学习和践行礼的过程中变化气质,涵养德性。

下面我们来看乐。

音乐是全人类共有的文化现象,凡是文明达到某种高度,音乐便随之产生。对于世界绝大多数民族而言,音乐的功用是表达情感,主要是娱乐,娱己或者娱神。但音乐到了中国人手里,却成为最好的教化工具。

儒家认为,乐由心生。人不能没有快乐,因而就一定会有音乐。音乐是人的心声的流露,与人心的关系最为密切。今人所说的音乐,儒家分解为声、音、乐三个层次。声的层次最低,是指各种自然界的声响,或者是低级的人为之声,其特点是没有内在的乐理,没有审美价值。第二个层次是音,相当于今人所说的"音乐"。人比动物高明的地方在于,人能够发现包括七声音阶、十二律、调门、旋律等在内的乐理,然后创作出各种风格的乐曲,借此表达内心丰富而复杂的情感,这一点只有人才能做到,禽兽则只能感知各种声,所以《礼记·乐记》说:"禽兽知声而不知音。"

音包罗万象,其中既有健康的,也有不健康的;既有清新向上的,也有颓废消沉的;它们取决于作曲者的心境、情趣、格调等因素。曲子一经表演,就会给听者之心以直接的影响,既可能是正面的,也可能是负面的。负面影响累积到一定程度,轻则损害自己的人生,重则会造成亡国之灾。据司马迁的《史记·殷本纪》记载,促使商纣王腐败覆亡的因素中就有音乐,他曾命令一位叫师涓的乐官"作新淫声,北里之舞,靡靡之乐"。到春秋时期,这种淫声在郑卫之地依然存在,人们称之为"亡国之音"。因此,分辨音的好坏,让民众多听高雅的音乐,远离颓废暴虐的音乐,意义极为重大。为此,儒家将"音"进一步区分,把其中内容纯正健康、风格庄重典雅,能够起到道德教化作用的部分称之为"乐"。乐是音当中最优秀的部分,它与音既有共性,又有差别,所以《乐记》说:"乐与音相近而不同。"又说:"德音之谓乐。"这一区分,普通人由于受教育的程度不足,很难理解。唯有洞察乐理的人方能明白,所以《乐记》说:"众庶知音而不知乐","惟君子为能知乐"。

古人所说的乐,通常包括歌词与舞蹈在内。歌词就是诗。流传至今的《诗经》原本都配有曲子。相传《诗经》三百篇,是孔子从众多的诗篇中挑选出来的,孔子用它做教材,教育弟子。《诗经》的核心价值在于,它把人们的心性引导到正确的轨道上。《论语·八佾》引孔子的话说:"《关雎》乐而不淫,哀而不伤。"朱子《论语集注》解释说:"淫者,乐之过而失其正者也。伤者,哀之过而害于和者也。……有以识其性情之正也。""《诗》本性情,有邪有正。其为言既易知,而吟咏之间,抑扬反复,其感人又易入。故学者之初,所以兴起其好善恶恶之心而不能自已者,必于此而得之。"可见,《诗》教之旨在导性情、心志之正。所以《毛诗序》说:"发乎情,止乎礼义。发乎情,民之性也。止乎礼义,先王之泽也。"真是精辟之极。

礼与乐的作用,各有侧重。湖北荆门郭店出土的楚国竹书说:"礼,外也。乐,内也。礼、乐,共也。"就是说,礼旨在规范人的外在行为;乐,旨在端正人的心志。两者一起抓,则可内外兼修,成就君子风范。

古人把礼、乐、政、刑作为治国经邦的大经大法。《礼记·乐记》说:"礼以道其志,乐以和其声,政以一其行,刑以防其奸。"礼、乐是治国的方针与内涵。政,指行政系统,是推行礼、乐的组织机构。刑,是惩处破坏礼乐教育的害群之马的手段。所以,《礼记》又说:"礼、乐、刑、政,四达而不悖,则王道备矣。"

《乐记》亟言礼乐的重要,屡屡以天地相比喻:"乐由天作,礼以地制。""大乐与天地同和,大礼与天地同节。"认为只有功成治定的王者,才配制礼作乐:"王者功成作乐,治定制礼。其功大者其乐备,其治辩者其礼具。"


## 礼乐的人文内涵

如何经邦治国,最主要的意见有两种:法治或德治。孔子主张德治,认为法治只能安定于一时,德治方能长治久安。他说:"道之以政,齐之以刑,民免而无耻。道之以德,齐之以礼,有耻且格。"[1]用行政手段来引导民众,用刑罚来整齐他们,民众都远离了刑罚,但他们的羞耻之心并没有树立起来。如果用道德来引导民众,用礼来整齐他们,民众不但树立起了羞耻心,不仅能远离刑

---

[1]《论语·为政》。

罚,而且有上进心。有人认为儒家只讲礼治,反对法治,其实儒家断然不会迂腐到这种程度。儒家反对不教而诛,而是主张德主刑辅,"礼用之于未然之先,法施之已然之后"。礼的作用是在教育,法的作用是在防范。礼是提振社会向上的引绳,法是维护社会安定的底线,不能用底线来替代人格标准。秦二世而亡的历史证明,仅仅依靠法律手段,不可能根本解决社会矛盾,也不可能造就社会的真正和谐。

礼是为政者不可须臾或离的大经大法,这并非孔子的独创。我们读《左传》可知,早在孔子之前,它就已经成为许多社会贤达的共识,如"礼,经国家、定社稷、序民人、利后嗣者也"(隐公十一年);"礼,国之干也"(僖公十一年);"礼,政之舆也"(襄公二十一年);"礼,王之大经也"(昭公十五年);"礼,身之干也。"(成公十三年);等等。

对于个体而言,礼乐双修旨在引导人内外兼善。《礼记·曲礼》说:"修身践言,谓之善行。行修言道,礼之质也。"《荀子·修身》说"礼者,所以正身也"。儒家所说的修身,必须是内外兼具的,既要把握礼的内涵与形式,又要把握"质"与"文"的关系,做到形神兼备,内外一致。

礼有形式与内涵两大要素。形式或称为仪式,是为表达礼的内涵服务的。内涵是礼的灵魂,是制订仪式的依据。举行某个礼仪,为什么要在这样的场所、穿这样的服饰、用这样的器物、走这样的程序、说这样的语言?其背后都有深刻的寓意,而不是随心所欲的。礼的外在形式比较直观,容易引起注意;礼的内涵难以把握,容易为人忽略。礼一旦失去了内涵,仪式再完美,也没有实际意义。春秋乱世,纲纪颓败,弑篡成风,司马迁说:"《春秋》之中,弑君三十六,亡国五十二,诸侯奔走不得保其社稷者不可胜数。"[1]这些篡位的君主丧心病狂,廉耻全无,但是,他们照样把各种仪式做得非常体面。孔子用反诘的语气质问道:"礼云礼云,玉帛云乎哉!乐云乐云,钟鼓云乎哉!"[2]礼啊礼啊,难道就是供桌上的玉器与丝帛吗?乐啊乐啊,难道就是那些钟鼓之类的乐器吗?显然不是。

　　礼的主旨是培养人的博爱之心。爱,是人类的最高道德,无论是佛教、伊斯兰教,还是基督教,都以爱号召,以为标榜。儒家对爱的提倡,不亚于任何宗教。孔子希冀实现"天下为公"的"大同社会",在孔子看来,这不是虚无缥缈的海外仙境,而是可以逐步接近的理想社会,而走向大同的途径,则是培养人的爱心。培养爱心,要从孝敬父母开始。父母给予自己生命,时刻呵护自己成长,血缘加上亲情,所以子女孝敬父母最为自然。但是,儒家提倡的孝行,并非局限于一家一户的狭隘亲情,而是要从它出发,把爱心推广到天下人的父母身上,因为"四海之内皆兄弟也"。只要人人都能推己及人,把爱心加于四海,就可以达到天下大治的目的,所以孟子说"老吾老以及人之老,幼吾幼以及人之幼,天下可运于掌。"[3]孝行离不开礼,从父母的饮食起居到生老病死,每一个细节的体贴与关照,都要通过礼来体现和落实。只要每个家庭、每个人都这样做了,并且代代相传,大同世界就离我们越来越近。

　　礼的主旨是表达对他人的敬爱之心。《孝经》说:"礼者,敬而已矣"。礼是以对方的存在为前提,并且多多少少怀有一些敬意

---

[1]《史记·太史公自序》。
[2]《论语·阳货》。
[3]《孟子·梁惠王上》。

的。在孟子看来,有没有爱心,懂不懂得通过礼来传递爱心,是区别君子与常人的主要标志:"君子所以异于人者,以其存心也。君子以仁存心,以礼存心。仁者爱人,有礼者敬人。爱人者,人恒爱之;敬人者,人恒敬之。"[1]把仁放在心上,就会去爱人;把礼放在心上,就会去敬人。我以恭敬之心待人,同时也希望人以同样之心待我。人心相通,你爱他人,他人就会"恒爱之";你敬他人,他人就会"恒敬之";这就是民间常说的:"人敬我一尺,我敬人一丈。"儒家倡导用这样的方式来树立博爱的社会风气,实现社会的和谐。

儒家所说的爱是大爱,认为每个人都有人格尊严。有些人生活贫穷、社会地位低下,但这不一定是由于他自己的原因,对于这些属于弱势群体的人,同样要怀有敬意。《礼记》说:"夫礼者,自卑而尊人。虽负贩者,必有尊也,而况富贵乎?富贵而知好礼,则不骄不淫;贫贱而知好礼,则志不慑。"[2]礼的原则是,对自己要自我谦卑,低调为人,但要尊重他人。即使是肩挑背负、沿街叫卖的小贩,也必定有尊严,都要以礼相待,何况富贵之人呢!富贵了而懂得好礼,就能做到不骄奢淫逸;贫贱而懂得好礼,心志就不会畏缩。

## 礼乐文明的当代意义与普世价值

一个民族的复兴,最重要的是文化的复兴,因为民族复兴离不开文化精神的引领。如果只有经济上的强大,文化上则是西方的

---

[1]《孟子·离娄下》。
[2]《礼记·曲礼》。

附庸,那就表明我们民族已经被西方文化征服,离开西方文化,我们已经不会独立思考。因此,这种经济上的强大既不是严格意义上的民族复兴,也不可能持久。

中国正面临着百年不遇的发展机遇,处在国家发展的重要关口,我们理应冷静思考中华崛起中的文化问题,其核心则是如何建立"中国模式"？如果中华民族能向人类提供一种不同于西方文化的社会发展模式,并且用事实证明,不通过宗教,同样可以使社会走向和谐、博爱、正义,以及经济的高度繁荣,那将是古老的中华文明在二十一世纪对人类做出的最大贡献。

中华礼乐文明超越宗教文化,具有更大的普世价值,是东方文明的典范。在历史上,礼乐不仅成就了中华的灿烂文明,而且远播于朝鲜、日本、越南等地,推动了当地文明发展的进程。时至今日,礼乐文明是否还有存在的价值呢？回答是肯定的。礼乐文明对于当代社会的价值,至少有以下几点:

首先,礼乐文明有利于和谐社会的建设。近年,政府提出建设和谐社会的目标,这与礼乐文明所要追求的目标完全一致。《论语》说:"礼之用,和为贵。"《礼记》说:"大乐与天地同和。"经典所说的"和",就是今人所说的和谐,所以《说文解字》说:"谐,和也。"儒家礼乐文明完全可以成为我们建设和谐社会的理论资源。

其次,礼乐文明有利于人心的和谐。实现和谐社会的基础,是人的和谐。人的和谐主要是身与心的和谐,只有每个社会成员的身心都和谐了,社会的和谐才能全面实现。儒家经典《中庸》、《礼记》等,有关心性和谐的论述内涵相当丰富,论述极其深刻,我们理应充分吸收。

第三,礼乐文明有利于改变当今社会的无序状态。由于种种复杂的原因,当今的社会秩序存在不少乱象,最突出的是无序。要改变现状,最忌讳的是喊口号,说空话,落不到实处。礼乐文明强调有序,提倡礼让,并有许多具体而明确的规定,有很强的操作性,便于我们推广与使用。

  第四,有利于树立中华的民族形象。改革开放以来,中国与海外的交流日益频繁,但是毋庸讳言,无论是内地的人文生态,还是去海外观光的游客,给外界的观感都比较差,从而损害了我们的民族形象,影响了我们的进一步发展。礼乐文明不仅可以帮助我们重塑民族形象,而且可以担当起中华文化领航者的角色,为东方文明走向世界作出更大贡献。

# 礼，文明古流不可弃

礼的核心思想是敬，对人、对己、对家庭、对社会、对国家，都要有一种恭敬心，这是立身的根基。

中国是礼仪之邦，"礼"通行于社会各个层面，自古就有"经礼三百，曲礼三千"之说。如此丰富而成体系的礼，究竟要表达怎样的理念？有没有一以贯之的核心思想？

我们先来看经典中的两段名句。

一是《孝经》所说："礼者，敬而已矣。"意思是说，所谓"礼"，不过是一个"敬"字罢了。

二是《礼记》开篇的"毋不敬"，唐代著名学者孔颖达解释说："行五礼，皆须敬也。"古人将社会上所有的礼仪归结为吉、凶、宾、军、嘉五类，习称"五礼"，孔颖达说，行五礼，必须怀有敬意。朱熹认为，"毋不敬"三字可以看作是全篇的总纲。由此可见，礼的核心思想是敬，对人、对己、对家庭、对社会、对国家，都要有一种恭敬心，这是立身的根基。

古人为何要把"敬"特别提出来？从原始社会起，人们就懂得只有依靠集体力量才能战胜恶劣环境的道理。随着生产力的发展，人们从部落走向部落联盟，从社群走向国家，彼此分工合作，不断推动文明进步。而既然人注定要与他人一起生活，就有一个彼此如何相处的问题。是恃强凌弱、以多欺寡，还是互相尊重、互相帮助？孔子把"仁"作为最高境界的道德，认为内心有仁爱，举止必然恭敬。《论语》说："君子敬而无失，与人恭而有礼，四海之内，皆兄弟也。"内心的敬不丢失，待人恭而有礼，四海之内皆兄弟，这是君子境界。孟子继承孔子的思想，认为君子与普通人的不同之处在于内心秉持的理念不同："君子以仁存心，以礼存心。仁者爱人，有礼者敬人"。

君子内心念念不忘的是仁与礼，所以他能爱人、敬人。

中国自古以道德立国，道德与礼不可分离，甚至可以通过礼来观察德性。《左传》有这样一个故事：晋国的下军佐臼季出使，经过冀邑时，看到一位叫冀缺的人在田间耕耨，妻子正给他送食，荒郊野田之中，两人相待如宾。臼季非常感动，把冀缺带到宫里，希望晋文公任用他。文公问理由，臼季答曰："敬，德之聚也。能敬必有德。德以治民，君请用之！"意思是说，敬是诸种美德的萃聚。能恭敬待人者，必是有德之人。治民，要有德性，所以请您任用他！

人是情感的动物，而情感需要交流。内心对他人的尊敬，只有借由一定的方式表达出来，才能让对方清晰地感受到，例如拜揖、礼让等肢体动作，敬称、致敬、答谢等文字语言，仪式、席位、次第等场景安排。礼的功能，一是便于大众学习与践行，在总体上将中华民族的道德与文明水准维持在较高水平上，孔子说的"道之以德，齐之以礼"，正是这个意思；二是可以整齐风俗，提高全社会在文化上的认同，并在深层次上形成民族凝聚的向心力，这对于一个幅员辽阔、人口众多的民族而言，意义不可低估。

中华文明历来高扬人类的普遍之爱，强调以礼待人，引领社会向上。礼,是把自己放在谦卑的位置,而把对方放在受尊敬的位置。即使是背负肩挑的小贩,也一定有做人的尊严,同样应该得到他人的尊重。可见,中国人所说的爱,是排除身份等级的普遍之爱。世世代代的中国人遵行于此,从而成为最善良、最文明的民族之一。

# 礼乐皆得,谓之有德
## ——古代中国的乐教

## 引 言

中国文化的核心是"礼",但是这"礼"包含着"乐",讲得周备一点,中国文化是礼乐文化。《礼记·乐记》说:"礼乐皆得,谓之有德。"只有把"礼"和"乐"的真谛都得到了,才是有德之人。其中的道理何在呢?我今天就来谈一谈。

全世界无论哪个地区、哪个民族,它的文明发展到一定阶段,都会认识音乐,用音乐自娱、互娱或者娱神。但是,没有一个民族像中国这样,把音乐作为教化的工具。《礼记·经解》提到孔子的六经之教,其中,以礼为教称为"礼教",以乐为教称为"乐教"。在中国文化中,"乐"不仅是娱乐的手段,而且是社会教化的重要工具。

## 上古音乐成就及儒家音乐理论

中国是音乐发端非常早的国度,根据文献记载,中国音乐的起源可以上溯至黄帝。相传黄帝时有许多创造,其中之一就是发明了十二律。音乐中有1(哆)、2(来)、3(咪)、4(发)、5(嗦)、6(拉)、7(西)等七声音阶,它们之间的音高是不平均的,有两个半音,在一个复杂的演奏当中,需要把这个七声音阶平均起来,才可以旋宫转调,它的基础就是把七声音阶分割成十二律。

《尚书·尧典》记载:"帝曰:夔,命汝典乐,教胄子,直而温,宽而栗,刚而无虐,简而无傲。诗言志,歌永言,声依永,律和声。八音克谐,无相夺伦,神人以和。"夔曰:"於!予击石拊石,百兽率舞。"当时舜帝任命了一批官员,其中一位名叫"夔",职责是"典乐"。夔掌管音乐,主要是教育"胄子",使他们通过学习音乐,正直而温和,宽厚而懂得敬畏,刚毅而不暴虐,行事简而无傲。"八音克谐",就是用金、石、土、革、丝、木、匏、竹等八种材料制作的乐器在一起奏响也能和谐。

中国人懂得和谐的道理是从音乐开始的。整个社会由不同的人组成,不同特长、不同思想的人在一起,能做到和而不同,和谐相处,好比"笙"的七根管子,高低、粗细、大小不同,但能围绕着主旋律吹奏出和谐的曲子。这就是中国人的思想,不要求同一,但能在大主题下追求和谐。既保留个性,又能找到共性。夔说,啊!我很高兴,我重重地敲编磬(石),一奏起乐,凤凰来仪,鸟兽皆舞,天下一片和谐景象。

礼乐皆得,谓之有德

上述关于尧舜时代音乐生活的记载，长期以来被人们所怀疑，四千多年前的中国，音乐水平有这么高吗？然而，考古学提供了大量可以佐证的材料，仅举几例。比如河南舞阳贾湖出土的骨笛。贾湖文化距今大约七千到九千年，比仰韶文化还要早。贾湖遗址发现了16支用鹤类的肢骨制作的笛子，先民将鹤的腿骨两端截掉，在一侧钻6~8个孔，但没有吹孔，也没有贴膜的孔。实验演奏证明，需要直着吹，吹时口与管壁形成一个角度，把气吹到内壁上，使笛子内部产生气流震荡而发声。经过仪器测音，其中的20号骨笛，音准相当精确。这些笛子手工制作，孔与孔之间距离不等，说明古人已经懂得某种数理关系，知道距离和音高是有联系的，且每个孔位都做有记号，不断调整，以求最佳音准。有的小孔只比针眼大一点，很难想象它是用什么工具钻的。这是世界上最早的吹奏乐器之一。再如殷墟出土的一件五孔陶埙，已经具备十一个半音，离十二律只有一步之遥。

更让人叹为观止的是湖北出土的曾侯乙编钟。曾，是古代一个名不见经传的诸侯国，国君的名字叫"乙"。这套编钟共64枚，分3层悬挂在铜木结构的钟架上，编钟与铜构件的总重量达4400公斤。编钟是合瓦型的，敲击钟的中间和两侧会发出两个不同的乐音，称为"双音钟"。钟体多有铭文，注明该钟的音高以及与有关国家音律的对应关系。编钟的音域宽广，跨五个八度（现代钢琴为七个八度），中心区域可以旋宫转调。两千多年前，小小的曾国的乐器就已发达到这种程度，当时诸侯、天子的乐器，水平又将是如何，简直令人不敢想象。

古代群众性的歌唱活动也非常普及，著名歌手史不绝书。《列子·汤问》提到，薛谭到秦青门下学习唱歌，一段时间之后，自我感觉特好,故不想再学,欲辞别老师。老师很伤感,在郊外为他饯行。秦青"抚节悲歌,声振林木,响遏行云",连白云都停下来听他唱。薛谭非常惭愧,自知浅薄,便留下来继续跟老师学习。

《列子·汤问》还提到民间女歌手韩娥,她游历到齐国,最后断粮了,就在临淄城下唱歌求食,她美妙婉转的歌声吸引来很多民众,人们纷纷赠以食粮。她离开之后三天,当地人们发现,家里梁上还回荡着她的歌声,这就是"余音绕梁,三日不绝"典故的来历。

《昭明文选》里《宋玉对楚王问》记载,有客在郢中唱歌,一开始唱《下里巴人》,国中属而和者达数千人;接着唱《阳阿薤露》,国中属而和者犹有数百人之多;最后唱《阳春白雪》,音调高亢,国中属而和者依然有数十人。当时群众性歌咏活动之盛,于此可见一斑。

尤其可贵的是,春秋战国之际,在器乐、声乐都发展到一个相当高的水平以后,学术界开始研究音乐理论,包括音乐的起源、分类、功用、社会价值等,形成了独具中国特色、堪与古希腊音乐思想媲美的音乐理论,它的代表作便是儒家经典《礼记》中的《乐记》篇。

提到音乐,人们往往会联想到"黄钟大吕"、"弦歌干扬"之类的道具,《乐记》说,这些不过是音乐的外在形式,属于"乐之末节",不是音乐的本质,所以,"童者舞之",让舞童去操演便是。音乐的本质究竟何在?儒家对此进行了深入的探索,其中"声、音、乐三分"的理论,是儒家音乐思想的核心。

音乐的起源与人的心理、情感活动密切相关。《乐记》说"凡音者,生人心者也。情动于中,故形于声。声成文,谓之音。"人是有着丰富情感的动物,人心被外物打动后,情感随之而起,并且会

"形于声"。《毛诗序》说:"情动于中而形于言,言之不足,故嗟叹之;嗟叹之不足,故永歌之;永歌之不足,不知手之舞之、足之蹈之也。"情动于中而后会形于言,如果觉得这样还不足以表达内心的情感,就会"嗟叹之";如果觉得还不足,就会"永歌之",甚至"手之舞之、足之蹈之",手舞足蹈。人的情感一层一层地渐次高涨,就形成了各种表达情感的方式。"情动于中"而"形于声",用"声"表达情感,是音乐的最低层次,想要吼一嗓子,把心声喊出来。"声",是最低的层次,单调、直白,没有审美情趣,连动物都能感知。

古人通过长期的探索,发现了七声音阶。藉由七声音阶,以及调门和旋律等技术手段创作的乐曲,表达的情感更加丰富、生动,具有审美价值,更容易打动人心。"声成文,谓之音","文"是文采,是艺术规律,由此形成的"音",是高于"声"的第二个层次,相当于今天所说的音乐。

音乐的种类很多,或者庄严,或者典雅,或者颓废,或者放荡。不同的音乐,给人以不同的感受,好的音乐催人向上,让人的心智、理想沿着正确的方向走;也有的音乐让人沉溺不起。因此,喜欢听什么样的音乐,人的气质也会随之改变。

儒家认为,"音"的范围太过宽泛,良莠不齐,理应有所区别,再作细分,把那些内容健康纯正,风格典雅,能体现道德教化的"音"单独提出来,这一层次格调最高,称为"乐"。《乐记》说"德音之谓乐"。"音"和"乐"很相近,都是七声音阶,都是根据一定的旋律、调门创作出来的,但是两者在本质上不同,有优劣、高下、精粗之别,这正是《乐记》中子夏说的"夫乐者,与音相近而不同"所体现的思想。

《乐记》还讲到"君子乐得其道,小人乐得其欲。以道制欲,则乐而不乱;以欲忘道,则惑而不乐。"人不能没有快乐,人一快乐就自然而然地想跳舞或唱歌。君子关注的是,如何把握住娱乐活动中的道。一味追求感官的刺激与情绪的发泄,心性由此失去理性的把握,迷离惑乱,泛滥不归,就不会有真正的快乐。如果用道来制约,就能达到乐而不乱的境界。所以,要懂得"以道制欲",倡导健康、高雅的歌曲,那么,社会风气才会端正。

《乐记》说:"德者,性之端也。"人心显露在外的,是德。人心的仁、义、理、智四端都是德的体现。"乐"是"德之华"。"金石丝竹,乐之器也。诗言其志也,歌咏其声也,舞动其容也。三者本于心,然后乐气从之。是故情深而文明,气盛而化神,和顺积中而英华发外。"真正的乐,犹如道德之花,而道德是人性的开端。金、石、丝、竹,只是表达这种情感的器具。

《乐记》又说:"凡音者,生于人心者也;乐者,通伦理者也。是故,知声而不知音者,禽兽是也;知音而不知乐者,众庶是也。唯君子为能知乐……是故,不知声者不可与言音,不知音者不可与言乐。知乐,则几于知礼矣。礼乐皆得,谓之有德。德者,得也。""音"是人的心声,从"音"区别出来的"乐",可以通伦理。禽兽只能感知"声",人能创作"音",这是人与动物的区别之一。众庶由于受教育的机会不足,所以只懂得"音"而没法懂得更高层次的"乐"。君子真正懂得"乐"的精义与妙用。

有个典故,讥讽魏文侯知音而不知乐。魏文侯喜好附庸风雅,有一天,他和孔子的学生子夏讨论音乐。他问子夏,"吾端冕而听古乐",总是担心会睡着;而"听郑魏之音",就不知疲倦。"敢问古乐之如彼何也?","新乐之如此何也?"子夏就说,古乐"进旅退旅",进退齐一,"和正以广",表达的是平和中正之道。"弦匏笙簧,会守拊鼓,"用的都是非常正的乐器,互相配合,没有奸声。君子聆听到此,可以说出古乐的义理,然后想到文武之道,想到修身齐家、治国平天下。但是新乐不然,行伍杂乱尊卑不别,一曲终了,君子不知所云。"此新乐之发也",非常之肤浅。最后子夏讥笑魏文侯,"今君所问者乐也,所好者音也。"你不懂什么叫乐,所以听了会睡觉。《乐记》说,如果你连"声"都不懂,那怎么讨论"音"?如果连"音"都不懂,又怎么讨论"乐"?懂得"乐"的人,就一定懂得"礼"。在先秦文献中,"德"与"得"可以互训,得到事物真谛的人,才是有德之人,所以说"德者,得也"。礼使人的行为合于道德理性,乐使人的心性中正平和。按照"礼乐"的要求来生活,便能内外兼修,成为德性高尚的君子,所以《乐记》说:"礼乐皆得,谓之有德。"

## 音乐通乎政

  古代君子特别注重音乐的社会教化作用。
  音乐与为政得失、社会风气好坏紧密相关。街上流行什么样的音乐,就可以知道民风如何。如苏州人说话,吴侬软语,评弹从内容到唱腔都是缠绵悱恻,所以当地民风柔弱,多出才子佳人,鲜出武将。西北则完全不同,秦腔激越高亢,人们每每在田间吼着嗓子唱,所以民风就比较刚烈。民风与音乐有关,这是不争的事实。人在唱歌之时,内心必然受到熏陶,天长日久,心性就会随之转移,所谓"润物细无声",就是这个道理。

《吕氏春秋·音初》说"闻其声而知其风,察其风而知其志,观其志而知其德,盛衰、贤不肖、君子小人,皆形于乐,不可隐匿。故曰:乐之为观也深矣。"听听当地流行的民歌,可以知道民众的志向,他们崇尚什么,道德水准如何。所以一个社会的盛衰,一个人是贤还是不肖,是君子还是小人,只要看他喜欢什么样的音乐,就不难洞悉,通过音乐可以观察到非常深的问题,所以《吕氏春秋》又说"音乐通乎政"。

《礼记·王制》记载,上古君王要定期巡守四方,了解风俗人情。所到之处,地方官员要述职,内容之一,是展示当地的民歌。音乐能够反映民情。《乐记》说"治世之音安以乐,其政和。乱世之音怨以怒,其政乖。亡国之音哀以思,其民困。"有道之君,上下和乐,民声一定安详愉悦,清正典雅。反之,昏君当道,其政乖违,民生困顿,民声必定怨而怒之。至于行将灭亡的国家,百姓困苦无望,民声则充满悲哀和愁思。

历史上的圣明时代,必定有时代颂歌,有史诗般的歌曲出现。相传黄帝时代的乐章叫《咸池》,颛顼的乐章叫《承云》,帝喾的乐章叫《唐歌》,尧的乐章叫《大章》。这种标志性的时代乐章,称之为"圣乐"。

除了尧舜这些传说中的圣贤之外,但凡有功于天下百姓的,也会留下歌颂他们的乐章。如大禹治水,万民欢欣,留下的乐章叫《夏迭》;商汤伐桀,除暴安良,留下的乐章叫《大护》、《晨露》;武王克商后,周公作的乐章叫《大武》。王国维先生曾有论文专门考证《大武》乐章。成王时,殷民叛乱,周人曾用大象冲锋陷阵,所作的乐章叫《三象》。

《吕氏春秋·适音》说,"故有道之世,观其音而知其俗矣,观其政而知其主矣。"世界上有哪个国家是把音乐与政治、与为政得失如此紧密地联系在一起的？只有中国。

孔子所处的春秋晚期，社会风气非常之衰败，表现在音乐上，则是流行音乐的泛滥，其中郑国的郑声尤其糜烂淫荡。孔子对此非常生气。他反对这些格调低下的、不健康的音乐，他说，"恶紫之夺朱也，恶郑声之乱雅乐也，恶利口之覆邦家者。"（《论语·阳货》）朱色是正色，紫色不是，但是人们不喜欢正色，反而喜欢不正的颜色，紫色把朱色的地位、影响都掩夺了。郑声就好比是紫色，把雅乐搞乱了。另外还有所谓"利口"，即能言善辩、巧言令色之徒，他们足以把国家给颠覆了。所以，孔子极其厌恶这不正的紫色、令人颓废的郑声，以及佞巧的"利口"。

需要指出的是，后史书上所说的"礼崩乐坏"，并不是说那个时候没有音乐、没有乐器，而是说音乐的格调低下，乐手的乐器虽好、技巧虽高，但演奏的已经不是德音雅乐，而是靡靡之音，郑卫之声。儒家在分辨这些音乐的时候，有一个背景，那就是流行音乐的产生。

## 移风易俗莫善于乐

治理一个国家，最基本的问题是治民，民风民情淳朴敦厚，则社会安定，百业兴旺。但是人心难测，不易措手。此外，中国幅员辽阔，是世界上任何一个古文明都无法相比的，由此带来的问题是风俗歧异，难以统一。所以，古时曾有学者用"如朽索之驭六马"来比喻治理百姓的艰难。

在儒家文化的体系中,音乐的功用,从根本上讲是要解决人心的问题。《郭店楚简》讲:"凡学者,求其心为难。"要变化人的心最难,与人相交要得到彼此的心也最难。"虽能其事,不能其心,不贵。"一个人虽然能把一件事做好,或者尽管做的是好事,但如果动机不正确,没有把心放正,就并不可贵。《郭店楚简》有两句话讲人心与音乐。一句是"凡声,其出于情也信,然后其入拨人之心也(厚)。""信"是真实的意思,心声是真实的感情,最能打动人,拨动人的心弦。另一句"乐之动心也,濬深郁陶",乐能直接打动人心,深入人心。这是音乐的重要特点。孔子听了歌颂舜的乐曲《韶》,居然"三月不知肉味",感慨说"不图为乐之至于斯也"!想不到听好音乐能达到如此境界。

儒家认为,治民并不困难。《诗经》说"诱民孔易","诱"是诱导、教育,"孔"是非常的意思,诱导民众向上,其实很容易,因为人心本善,性情相同,经常听德音雅乐,是教化民众,敦厚社会风俗的最佳途径。教化,不是生硬地强迫百姓去认同,而是用民众喜闻乐见的方式,在愉悦的氛围中涵养德性,化民成俗,做到"民不教而自化"。

古人深谙此中奥妙,所以想方设法利用各种场合推广乐教。例如周代每隔三年,各乡就要选举贤能之士,推荐给国君任用。在向国君举贤之前,要在乡学中举行"乡饮酒礼"。在整场礼仪活动中,一乡之人按照礼仪规定依序喝酒,而乐工在堂上堂下奏乐助兴,这些音乐经过精心选择。

首先,乐工歌唱《诗经》中的《鹿鸣》、《四牡》、《皇皇者华》,说的都是君臣之间的平和忠信之道。接着,笙奏《南陔》、《白华》、《华黍》,说的都是孝子奉养父母之道。然后,堂上、堂下轮奏,堂上鼓瑟唱《鱼丽》之歌,堂下笙奏《由庚》之曲;堂上鼓瑟唱《南有嘉鱼》之歌,堂下笙奏《崇丘》之曲;堂上鼓瑟唱《南山有台》之歌,堂下笙奏《由仪》之曲。最后器乐与声乐合起,奏唱《周南》的《关雎》、《葛覃》、《卷耳》,《召南》的《鹊巢》、《采蘩》、《采蘋》,说的都是人伦之道。一乡之人揖让升降,觥筹交错,涵咏于笙歌雅乐之中,为德音雅乐所化。

《礼记》说,"是故乐在宗庙之中,君臣上下同听之则莫不和敬",这是发自内心的因"和"而生的敬;"在族长乡里之中,长幼同听之则莫不和顺。"长幼之顺,也是发自内心之和;"在闺门之内,父子兄弟同听之则莫不和亲。"总之,社会各层面的和谐,都是通过德音雅乐的传唱来完成的。

中国传统文人抚琴弹曲,旨在陶冶心性,净化灵魂,追求意境是第一位的。因而在抚琴之前,要沐浴焚香,静坐入定。轻轻拨动琴弦,脑海里出现的是静谧的山林,曲径通幽,松涛与瀑布声徐徐入耳,心灵变得宁静。由琴声导入,深深涵泳其中。一曲终了,灵魂如洗。要成为一位温良亲和、有品位的人,就要懂得这样用乐来谐和自己的心性。

《礼记·乐记》说:"乐者所以象德也,礼者所以缀淫也。""乐"是内心德行的体现,"礼"是防止行为出格的规范。"礼"和"乐"令你内外兼修,尽显君子风范。

改革开放之初,中央乐团首席指挥李德伦痛感大学校园弥漫低俗音乐,严肃音乐几乎没有听众,作为有社会责任感的音乐家,他率领中央乐团走进北京各高校,亲自讲解交响乐的基本知识,并演奏西方古典乐章。每一乐章演奏完毕,全场鸦雀无声,半分钟后,全场响起暴风雨般的掌声。在场的一位同学感叹地说:"心灵就像被洗过了一样。"心灵宁静、灵魂升华的感觉,油然而生。演出结束后,李德伦先生与笔者交谈时,引用《孝经》里的两句话:"安上治民莫善于礼,移风易俗莫善于乐。"足见李先生是一位懂得乐教理念,并且身体力行,将它付诸实施的音乐家。

古希腊著名学者毕达哥拉斯认为,音乐可以培养人的美德,可以治疗疾病,可见儒家的音乐思想与古希腊哲人的理念是相通的。时至今日,西方人依然非常重视青少年的古典音乐教育,认为这是人生教育的基础,所有孩子从小都接受系统的古典音乐教育,以此树立学生的文化根基,涵养贵族气质。

近年,关于音乐具有缓和人的情绪的功用,正在被越来越多的人重新认识。报载,德国某个小镇的汽车站,等车者常常在此吵架。有人就提议,在那里装个喇叭放古典音乐。自那以后,吵架的现象明显减少。候车者听着巴赫、莫扎特的音乐,会跟着哼起来,想要吵架的心情随之消失。还有一则报道,说新加坡的监狱,每到放风时,都是囚徒寻衅闹事、打架斗殴的好机会,这在新加坡、香港的电影里时常可以看到,警官一来马上装作没事。后来,监狱管理方尝试在放风时放古典音乐,结果囚犯闹事者明显减少。此外,台湾的东海大学,一位女教师开设一门音乐欣赏课,一开始,课上的男同学都坐不住,但几堂课下来,这些学生都变得沉稳、安静了。这就是音乐的妙用。

遗憾的是,上述古人都懂的道理,我们偏偏浑然不知了。我们甚至认为,音乐的本质是娱乐,是纯粹的个人行为,任何人无权干涉,因而放弃了引导大众的责任。商业进入音乐文化生活后,更有人把收视率、票房价值作为衡量作品高下的唯一标准,导致一些高雅的作品遭到唾弃与排斥。笔者有一位朋友,立志在民间提倡高雅音乐,把《兰亭序》谱成曲,在小范围演唱,极受欢迎。但却很难进入公众领域,原因是收视率不可能高!如今学声乐、器乐的孩子越来越多,但孩子的气象并没有整体提高。其原因是,不少家长让孩子学习音乐,纯粹出于孩子高考可以加分的功利目的,从而背离了音乐教育的本质,使之沦落为纯粹的"术",令人扼腕长叹!

今之于古,时代不同了,但社会面临的问题依然没有改变:如何让人的身心走向完美。从这一点而言,礼乐的社会价值依然没有过时。创作出符合我们这个时代的德音雅乐,引领社会进步,依然是我们的历史使命。

# 礼乐文化与和谐社会

　　构建和谐社会,既是理论层面的问题,也是操作层面的问题。前者受到许多方面的关注,相关的论文和研讨会已经不少;后者至今被大家忽略,因而迟迟没有进入操作层面。任何美好的理念,如果不能扎根于社会生活之中,就只能是清谈,或者是美丽的空话,无益于社会。因此,当务之急,不仅要坐而论道,而且要研究将道推行到民众中去的措施。传统的礼乐文化,可以有效地拉近问题甚多的现实与理想的和谐社会的距离。

## 礼乐文化与政令的和谐

　　周人理想中的至治之极是尧、舜时代。在周人笔下,尧、舜时代最大的特点是"和"。《尚书·尧典》说,尧能用他的"俊德",也就是用美德去"亲九族",使得九族和睦。进而他又能做到"协和万邦",达到天下和谐的境界。
　　社会的和谐,牵涉到各个方面,而最大的课题则是政令的和谐。政令是否以民为本,是关系到社会的安定与否、能否持续发展的重大问题。

武王伐纣之后,周公鉴于殷人失德亡国的教训,着手建立起了一套全新的典章制度,史称"周公制礼作乐",所以我们历来把国家典制及其政令称为礼乐制度。周公制礼作乐的大旨,是要从制度上追慕尧舜之治,体现为和治天下的道德理念。尽管后来西周灭亡了,但周公制定的典制,并没有随之湮灭,它在知识精英中得到承传和光大,并且继续影响着思想界。《左传》一书在史事记载之末,每每有"君子曰"云云的议论,他们评论史事的标准是:"礼也"或者"非礼也"。也就是合不合于礼。什么是礼呢?《礼记·乐记》说:"礼者,理之不可易者也。"也就是说合于道理的才是"礼"。就国家政令而言,只有使百姓满意、得到民众的拥护的,才符合圣王之道,所以《礼记·经解》说:"发号出令而民说(悦),谓之和。"

中国文化是礼乐文化,周代是礼乐文化的成熟期。我们读《周礼》,可以发现许多值得我们借镜的规定。例如政府应该如何确定税率?定高了人民负担不起,定低了政府不敷日用,所以规定为十一之税,使得民众有再生产的空间。又如对民众的教育,重在树立德性、预防犯罪,反对不教而诛或者滥用刑罚,即使是对犯有过错者也是如此。这些经过缜密考虑和精心设计的礼,终极目的都是为了实现社会的和谐。

儒家提出了"大同世界"的理想,以此来引领全社会的进步。儒家的高明之处在于,它不仅提出了理想的目标,而且将这一目标加以分解,并且层层落实,使得社会的每一个细部都在体现走向"大同世界"的最高理念。这个介于理想与现实之间的东西就是"礼"。所谓礼,是一些知识精英依据道德要求制定的准则,《礼记·仲尼燕居》说:"礼也者,理也。"礼既是可以操作的具体规范,也是便于检验的明确标准。《礼记·经解》说:"礼之于正国也,犹衡之于轻重也,绳墨之于曲直也,规矩之于方圆也。"衡、绳墨、规矩,是衡量轻重、曲直、方圆的依据,不可一日或离。礼是人类社会的衡、绳墨、规矩,更是不可离弃。《论语·学而》说:"礼之用,和为贵。先王之道斯为美,小大由之。有所不行,知和而和,不以礼节之,亦不可行也。""礼之用,和为贵。"没有礼,就不可能有社会和谐。

## 礼乐文化与人际的和谐

在先秦文献中,"和谐"一词中的"和"与"谐"是同义的重复。"和"字原本写作"龢",是从龠、禾声的形声字。"龠"字像是在用嘴吹奏一件类似于笙的编管乐器。编管的长短以及吹出来的声各不同,只有按照一定的旋律有序地发声,方能奏出悦耳的曲子,这就是"龢"字的本意。乐队的合奏就更是如此。我国古代乐器用金、石、丝、竹、匏、土、革、木等八种材料制作,称为"八音"。如果诸种乐器各吹各调,势必不能和谐成曲。《尚书·舜典》记载,舜命令夔担任乐官,要求他做到"声依咏,律和声;八音克谐,无相夺伦,神人以和。"意思是说,五声是依据歌曲制定的,六律是和谐五声的,如果八种乐器彼此和谐,有序地发声,那么神与人就能和谐了。《礼记·乐记》说的"正六律,和五声",也是这个意思。

人类社会的复杂性远远超过演奏乐器。由于环境、脾性、能力等等的差异,人与人之间不免会有矛盾,加之利益的驱动,矛盾愈形复杂,甚至可以演化为冲突或者战争。因此,治民之道既不能抹杀个人的特长搞一刀切,也不能对无理的行为听之任之,要在尊重个性的基础上协调关系。因而从学理上来讲,治国之道与音乐之道相通,都是追求不同个体的和谐相处。

社会的人际关系错综复杂,儒家将它归纳为夫妇、父子、兄弟、君臣、朋友等五种最基本、最恒久的伦理关系,称为"五伦"。五种关系的谐和,需要"礼"作为润滑剂,才能做到"父子有亲,君臣有义,夫妇有别,兄弟有序,朋友有信"。礼不是嘴巴功夫,而是成体系的具体而微的细节。如今的人往往看不起细节,认为是繁文缛节,不关宏旨。殊不知细节决定品质,没有细节就没有道德。只有人人都依据礼节的规定去践行,在自己的一言一行之上去体现,和谐社会才有可能成为现实。《尚书·皋陶谟》记载舜与皋陶、禹讨论治国之道的谈话,舜说道:"天秩有礼,自我五礼有庸哉。同寅协恭和衷哉。"意思是说,天规定的五种礼,只要我们经常按照着去做,彼此恭敬和谐地相处,大家就都和善了。古今不同时,但只有通过礼才能走向和谐的道理是一样的。

有人说,中华礼仪讲尊卑,不如西方的礼仪讲平等。这种说法似是而非,非常肤浅。中华礼仪的特点,是彼此把对方作为尊者,而把自己当作卑者。由于人人如此,所以实际上是对等的,人人都是尊者。所以《礼记·曲礼》说:"礼尚往来,往而不来,非礼也;来而不往,亦非礼也。"由于有尊卑,所以才有礼让,年轻人事事礼让老者,同辈之间也是处处礼让对方。由于有尊卑,所以说话才有敬语和谦语,形成了富于东方特色的礼貌用语。

那么有没有彼此不等的尊卑关系呢?有的。有两种情况,一是君臣之间,其中一方是国家最高领导,当然是尊者,这在古代世界到处皆然,甚至时至今日不少地方依然如此,不必抓住这一点来大做中华文化的文章。二是父子之间,父亲是尊者,儿子是卑者,这也是顺理成章的事。儒家之所以要确立父子之间的尊卑,是为了由此培养孩子的敬老之心,如果对自己的父母都没有敬意,又怎么能做到"老吾老,以及人之老"呢?如今我们过度的提倡平等,结果是传承千年的尊老传统不见了,以致给老人让座的风气怎么也提倡不起来。父子的尊卑关系,看似不平等,实际上,儿子长大成人做了父亲也是尊者,所以这对每个人都是公平的。

除此之外,中华礼仪还特别强调人格的平等。《礼记·曲礼》说:"夫礼者,自卑而尊人,虽负贩者必有尊也。"礼是讲自我谦卑的,主张与人交往要低调、放下身段,而把对方放在尊敬的地位来对待,这是人际关系和谐的基本前提。即使对方是"负贩者",即肩挑背负、沿街叫卖的小贩,属于弱势群体,也必有其尊严,要尊重他们的人格。如今的许多人,不愿意尊重他人,却处处要求他人尊重自己,在这种心态下怎么能得到真正的尊重,怎么能有人际的和谐?

## 礼乐文化与人性的和谐

从根本上来说,社会的和谐是人自身的和谐,而人自身的和谐,则是心性的和谐。人有喜怒哀乐等"七情六欲",它是不学而有,不教而能,是与生俱来的天性。人是从动物进化来的,因而人性中不可避免地残留着动物的野性。人的七情六欲受心理支配。一个没有教养的人,他的心理是不受理性支配的,因而表现为偏激或者怠惰,也就是通常说的"过"和"不及"。过和不及,都会使得人不能冷静应对客观事物,做出失去理智的判断,进而引发严重后果。因此,如何化解人性中的动物野性,调谐心性,是构建和谐社会面临的重要课题之一。

礼乐文化的重要作用之一,正是调节人的心性,所以《礼记·坊记》说:"礼者,因人之情而为之节文。"也就是说,礼的种种节文,是依据人情来制定的。人不同于动物,人是万物之灵,人应该、而且能够理性地把握好自己的情感,做到"乐而不淫,哀而不伤","不以物喜,不以己悲",也就是儒家经典《中庸》说的喜怒哀乐之情能够"发而皆中节",情绪的宣泄总是能够恰到好处,这无论是对于自身的健康,还是对于社会的和谐,都有很大的益处。

中国人常说的"修养",说的正是修身养性。修身养性不是一句口号,不是说给他人听的,而是要通过践行礼才能完成的。古人按照道德要求制定了一系列的行为规范,这就是礼。道德是抽象的,但不是虚无的,它可以通过礼来体现。孝亲睦邻、敬业乐群、尊师敬长、礼贤下士、温良谦恭、平和中正等等的君子风范,人人都可以通过践行一个个礼节来学习,不断清除自身的动物野性,砥砺人之所以为人的高尚品性。一个个礼节,就是一个个道德的元素。礼的全部,就是道德的完整展示。一个人每天践行礼,这个人就能人文日新;一个国家的人都在践行礼,那么才会有整个国家的人文日新。

这里要简单提及的是乐教。乐为心声,最能打动人。但是世界上的乐曲纷繁无比,给予人的影响是不同的,甚至可以完全相反。儒家认为,音乐有优劣、高下之分,只有情感纯正、风格高雅、能够体现道德教化的乐曲才能称为"乐",所以《乐记》说:"德音之谓乐。"其他的只能称为"音"。因此,树立健康人性的途径之一就是听雅乐。中国传统的文人听音乐不是消遣,而是为了陶冶性情。为此,儒家主张在大众层面推广高雅音乐。音乐为民众所喜闻乐见,用高雅音乐可以"化"性,所以《孝经》说"移风易俗莫善于乐",这是值得我们在构建和谐社会时借鉴的理论。

礼乐文化对于人的心性的和谐、提升人的境界、树立人的德性,都有积极的意义,所以《乐记》说:"仁近于乐,义近于礼。"但是,必须提及的是,儒家并不排斥刑法的作用,而是以礼乐教化为先,以刑法为后,而以行政作为推行教化的手段,所以《乐记》说:"礼节民心,乐和民声,政以行之,刑以防之。礼乐刑政,四达而不悖,则王道备矣。"读者切不可偏执一端,不及其余。

礼仪是文明民族的标志,任何进入文明时代的民族都有自己的礼仪。中华素称礼仪之邦,礼乐思想尤其丰厚,这是我们民族宝贵的精神财富,而不是沉重的历史包袱。今天我们用礼来构建和谐社会,必须用传统礼仪——当然应该对它斟酌损益,使之与时俱进,但万万不可的是,不能用西方礼仪来替代中华的民族礼仪,因为我们不是一个没有自己礼仪的民族。

# 第二辑

# 家教与门风

第二章

家庭巳自以

# 如何延续我们的"家风文化"

家训的流行,解决了全社会的文化认同问题,在深层树立了民众的基础道德。

中国自古就是一个重视教育的国度,《礼记·学记》说:"建国君民,教学为先。"就是对教育的地位的最好表述。

古代教育包括两大块,一是社会教育,二是家庭教育。社会教育由政府负责,首都有国学(后来称国子监),乡有乡校,州有州学,犹如网络遍布天下,负责对从基层选拔上来的精英进行经典教育。家庭教育是由民众自我完成的教育方式。家庭是社会的细胞,只有每个细胞都健康,社会肌体才会正常。治国平天下,必须从家庭做起。

父母生育了孩子,除了从生活上抚养他们长大成人,还应该对他们的人生道路负责,这就需要教育。《三字经》说:"养不教,父之过。"父母是孩子的第一任老师,也是对子女影响最大的老师。

孟子说:"天下之本在国,国之本在家。"家与国的命运息息相关。中国历史上,历年最长的是殷商与周,前者三十一王,享祚近六百年,后者三十九王,享祚八百余年。适成鲜明对比的是秦,二世而亡,国祚仅三十多年。意味深长的是,当时的思想家把"殷周有道之长"与"秦无道之暴"(暴是短促、暴亡)的缘由归结为对太子的教育。读《大戴礼记》可知,周人对太子的教育分为婴儿、孩提、少年、弱冠等几个阶段,分别有不同的教育形式与目标,进行严格的、成体系的德性品行教育,要求他成为万民的楷模。因为太子是国家的接班人,所以要求极其严格,远非寻常人家可以比拟。秦对太子的教育违背道德,反对礼义辞让,教之以告发、刑罚、杀戮,此后太子自然成为无道昏君,一朝暴亡。

社会对于子女的教育,也予以普遍关注。《管子》中《弟子职》一篇,《礼记》的《曲礼》与《内则》两篇,记载家庭生活的各项细节,重在培养孩子的良好习惯,对家庭文化具有指导意义。

到了南北朝时期,出现了我国第一部家庭教育的专著《颜氏家训》。作者颜之推是孔子高足颜渊的后代,身逢乱世,"三为亡国之人",备受艰辛。他亲眼目睹许多家庭一夜暴兴、一朝暴亡、大起大落的场景,深感有责任为家族垂范立训,"整齐门内,提撕子孙",于是结合自己的生平见闻,讲论治家、为人、治学之道,详细谈及家庭中不同角色如何立身行事、和睦相处,使《颜氏家训》具有里程碑式的意义,成为中国的"家训之祖"。此后,各种家训犹如雨后春笋,比较出名的有《朱柏庐治家格言》、司马光的《家范》和《书仪》、朱熹的《朱子家训》,等等。这些"家训",没有空话废话,即使是文化程度不高的家庭,也多能背诵若干名言警句,作为人生秉持的原则。

家训是中国传统文化中的奇葩。家训是民间自发出现、又根植于民间,以儒家的仁义礼智作为思想核心,以修身做人作为立身之本,将与人为善、勤俭持家作为基本美德,以自我教育为主要形式,经过数代传承,即可形成优良的门风。家教不好、家风不正的家庭,会受到四邻八舍的轻视,甚至连媳妇都找不到。

家训的流行,解决了全社会的文化认同问题,在深层树立了民众的基础道德,减少了大量恶性事件的发生。在全社会都在热议于道德、焦虑于价值观、倡导正能量的今天,或许,我们可以从家训、家风中起步,纯净我们的心灵,涵养社会的风气。

# 品味《颜氏家训》的人生智慧

北齐颜之推的《颜氏家训》八卷二十篇,是中华的"家训之祖",内容质朴明快,说理深刻,有"篇篇药石,字字龟鉴"之誉。颜之推生逢乱离之世,目睹许多大家族宦海沉浮。颜氏以长辈身份,将自己的见闻及对人生的体悟,夹叙夹议,与晚辈娓娓道来,没有丝毫说教的色彩,读来倍觉亲切。

我们重建当代家风家教,需要借鉴此书处甚多,最关键有以下几点:

首先,把读书做人作为家训的核心。颜之推把圣贤之书的主旨归纳为"诚孝、慎言、检迹"六字;认为读书问学的目的,是为了"开心明目,利于行耳","若能常保数百卷书,千载终不为小人也"。他认为无论年龄大小,都应该读书学习,"幼而学者,如日出之光;老而学者,如秉烛夜行,犹贤乎瞑目而无见者也"。

其次,选择正确的人生偶像。从某种意义上来说,选择怎样的偶像,就会有怎样的人生。北齐时,一些人教孩子学鲜卑语、弹琵琶,希冀通过服侍鲜卑公卿来获取富贵。颜之推对此非常不屑,认为这样会迷失人生方向,即使能到卿相之位,亦不可为之。他要求子女"慕贤",将大贤大德之人作为自己的人生偶像,并且"心醉魂迷"地向慕与仿效他们,在他们的影响下成长。

再次,确立家庭教育的各项准则。家长要成为子女的楷模:"夫风化者,自上而行于下者也,自先而施于后者也。是以父不慈则子不孝,兄不友则弟不恭,夫不义则妇不顺矣。"要在践行"箕帚匕箸,咳唾唯诺,执烛沃盥"等细小的生活礼仪中树立"士大夫风操"。持家要"去奢"、"行俭"、"不吝"。在婚姻问题上,做到"勿贪势家",反对"贪荣求利"。务实求真,不求虚名,摒弃"不修身而求令名于世"的行为,"名之与实,犹形之与影也。德艺周厚,则名必善焉"。杜绝迷信,绝对不谈"巫觋祷请"之事,"勿为妖妄之费"。

在颜之推之前,儒家亦有儿童教育的规范,但是面向全社会,强调的是共性。《颜氏家训》的意义在于,在道德共性的指导下,突出了一家一户教育的个性,调动起了家长为子女垂范立训的文化自觉。家庭是社会文明中极为重要的环节。孟子说:"天下之本在国,国之本在家。"中国文化传统讲修身、齐家、治国、平天下。修身是入德的起点,是人生第一要务。家是微缩的社会,伦常者五,家庭有其三(夫妇、父子、兄弟)。只有每个家庭都按照道德要求和谐相处,治国、平天下才有坚实的基础。

在《颜氏家训》的影响下,下起士庶,上至宰相,乃至帝王之家,多有自订的家训,这成为中国传统文化的一大特色。随着家教的流行,忠孝仁爱等美德推及到千家万户,大有裨益于世道人心,其中的智慧,值得我们深思与吸收。

# 传统家庭礼仪与当代儿童教育

现在不少孩子手上有各种才艺证书,但就是不懂得做人的道理,连礼、义、廉、耻都不知道,甚至连对父母的尊重都没有。试想一下,一个连父母都不尊重的孩子,将来如何走上社会和社会上形形色色的人打交道?一个连最基本的做人的道理和做人的操守都不懂得、不遵守的人,将来如何会成为一个对社会有用的建设性的人才?现在,整个社会对儿童教育中才艺和德行孰轻孰重的认识存在明显的误区,本末倒置的现象比比皆是,已经到了应该引起我们高度警惕并着手解决的时候了。

有些家长认为,儿童时代应该让孩子自由自在、无忧无虑,不能束缚他们的天性,因而对孩子的要求几乎是百依百顺,放任自流。孩子只要不偷不抢不犯法,就不用管他,把法律底线当成了人生标准。结果,许多孩子连起码的生活准则都不懂。因为家长的宠爱,有的孩子在家里骄横跋扈,但是一旦踏上社会,面对复杂的人际关系,却又手足无措,焦躁不安。有一项针对女大学生心理健康的调查发现,认为自己情绪不够稳定的能占到学生总数的55.4%,情绪时好时坏的占34.8%,52%需要依靠别人,48%惧怕失败。许多女大学生缺乏自信,经常为一些小事苦恼和烦躁,情绪容易波动。这些社会适应能力不足的女大学生,是当今时代的教育所出现问题的一个缩影。

孩子缺乏人生阅历,缺乏判断是非的能力,这究竟是谁之过?鲁迅说过,把糖果和毒药放在孩子面前,他们是不知道怎么选择的。在孩子最需要给予指导的年龄,家长不要只做安全上的、营养上的、生理上的指导,还应该提供行为准则方面的指导。不能过于追求物质享受,过于忽视精神成长。大家都知道,人人生而追求幸福,但是,谁知道幸福到底是什么?现在的不少家长经历过物质贫乏的年代,吃过不少苦,所以认为幸福是体现在物质上的,占有大量财富,过富足的生活就是幸福。因此,为了"给孩子一个幸福的童年",就给孩子吃好、穿好、玩好。这就带来了孩子之间的攀比风:同学之间谁的手机好,谁家父母的车档次高,谁的父母是达官显贵?诸如此类。

有的家长一心要给孩子"终生的幸福",小学就送他出国,甚至在国外买了豪宅。家长这种包办代替式的好心,使得孩子只想坐享其成,无穷无尽地占有,而不想有丝毫的付出,更别提精神追求。由于价值观和人生观的扭曲,不少年轻女性不想通过自己的奋斗得到幸福,信奉的人生理念是,"干得好不如嫁得好","宁肯坐在宝马车里哭,也不坐在自行车上笑","宁嫁富二代,不做杜拉拉"等,一心想过不劳而获的寄生生活。社会上有不少家产上千万、甚至上亿的富人,按照人们世俗的理解,似乎他们一定很幸福。但他们有的并不幸福。除了钱多,什么也没有,精神非常空虚,不知如何打发时间。不少人沉溺于到澳门赌博,寻求刺激。这些难道不应该引起我们的反思吗?其实,幸福主要是体现在精神层面的一种东西。只有通过奋斗获得成功的人,才能体会到人生幸福的真谛。

# 古人怎样教育孩子

应该说我们在儿童教育方面已经走了很多的弯路,我们现在应该悬崖勒马,重新厘清我们在儿童教育方面的是与非,把儿童教育引导到正确的方向上来。同时,作为一个具有悠久历史文化的智慧民族,我们应该正确地处理批判与继承的关系,到中国文化的根上去寻找智慧,去重续那几近断裂的文化基因和教育基因,来拯救我们的下一代。

**1. 修身为教育之本,修身为教育之始**

中国古人对成才的概括是四个字:"修齐治平",修身、齐家、治国、平天下。这个包含伟大理想同时也涵盖了巨大功利的历程,是从修身开始的。"君子务本,本立而道生。"修身,即做人之本。修身,即学习做人。那么,古人为什么要大家学做人呢?做人,换个说法,就是不做禽兽。古人常说,"要自别于禽兽",就是自觉地与禽兽相区别。人是从动物进化来的,进化包括两个方面:一是体质,二是心灵。人类的体质进化,已经大体上完成了;但心灵的进化,相对滞后,因而人身上或多或少地残留着动物的野性,例如贪婪、自私、无序、残暴等等。实际上,不少人还停留在"半人"的阶段。要成为一个纯粹的人、真正的人,就需要修身,修炼自己的心灵,使自己的心变成一颗美好的心。

孔子说:"仁者爱人。"孟子在孔子的基础上进一步发挥说,人区别于禽兽的根本,在于人是万物之灵;人身上有仁义礼智等善端,禽兽没有;因此,人可以教育,成长为君子,而禽兽没有这种可能。仁义礼智四者,仁最重要,居于统领的地位。孟子还说:一个孩子掉到井里,你听到他的哭喊声就会起恻隐怵惕之心,这种恻隐之心就是仁的起端,只要是人都会有的。所以,孟子说:"无恻隐之心,非人也。"所以,中国式的教育,应当借鉴古人的智慧和见识,从启发人的道德自觉开始,唤醒人的良知。

孩子的成长离不开环境,在某种程度上可以说,有什么样的环境,就会有什么样的孩子。要想培养一个优秀的孩子,就要想方设法为孩子营造良好的成长环境,而人生的路要靠他们自己去走。"孟母三迁"是古人为孩子的成长创造良好环境的典型。孟子能成为儒家的杰出代表和一代宗师,被后世尊为"亚圣",他的伟大是从他妈妈殚精竭虑地搬家开始的。

《大戴礼记·保傅》记载,周成王做太子的时候,为了保证他的根性纯正,让周公等三位德高望重的老臣担任太师、太傅、太保,分别负责太子的身体、德义和知识技能教育。为了太子的健康成长,从他周围逐去邪人,不让他看到恶行;又挑选天下品行端正、孝悌而有学问的人和太子一起生活;使太子见正事,闻正言,行正道,左视右视,前后都是正人。长期与正人相处,自己岂能不正!就好比生长在楚国的人,不能不说楚语一样。孔子说:"少成若性,习惯之为常。"太子上的小学,有东南西北四处,称为"四学",所学的内容各有侧重:东学如何尊亲,南学如何尊老,西学如何尊贤贵德,北学如何尊重有爵位者,以此来树立太子良好的道德基础。古人为了孩子的健康成长可谓殚精竭虑。

**2. 知行合一,注重礼仪**

古人把青少年教育分为小学和大学两个阶段。八岁入小学,由于年龄小,理解不了大道理,所以着重培养良好的生活习惯,主要途径是学习礼仪。例如,为了帮助孩子学习和践行孝道,古人制定了一整套生活礼仪:早起要向父母请安,美味可口的饭菜要先请父母品尝,要关心父母,父母外出子女要左右扶持,父母有所召唤要"唯而不诺"(唯,是紧凑而明快的回答,表明很在意父母的招呼,如果正在看书、吃饭、玩耍,要立即停止,尽快跑到父母面前;诺,是拖腔拉调的回答,懒懒散散,不以为意)。通过这些生活细节来规范孩子的习性,纠正孩子的不良嗜好,培养他们的恭敬之心。

千里之行始于足下,远大的抱负,必须从当下的点点滴滴做起。东汉名士陈蕃,独居一室而龌龊不堪。他父亲的朋友薛勤问他:"为何不打扫干净来迎接宾客?"他回答说:"大丈夫处世,当扫除天下,怎么能只扫一间屋子?"薛勤反唇相讥:"一室不扫,何以扫天下?"治国平天下的人,要勤政。勤劳的习惯要从小培养,因此,要求孩子"黎明即起,洒扫庭除",做力所能及的家务。

### 3. 榜样的力量是无穷的

人都有偶像,尤其是儿童。学习什么样的人,崇拜什么样的人,预示着他将成为什么样的人。古人深谙此道,并运用娴熟。古代的儿童读物总是把历代的忠臣良将作为重点来介绍。京师的孔庙和国子监,是全国的最高学府,除了孔子和四配、十二哲之外,东西两庑还有历代先贤和先儒的排位。凡是对国家和中华文化作出杰出贡献的人,例如岳飞、文天祥、陆秀夫、顾炎武等,都在这里受到人们的瞻仰和祭祀。地方学宫一般还祭祀当地的乡贤,以此激励青年后学。

文天祥是江西吉水人,在儿童时代,看到学宫祭祀的欧阳修、杨邦乂、胡铨等人的像,谥号都有"忠"字,欣然慕之,立志要成为他们那样的人,于是发奋读书。他在衣带中写道:"读圣贤书,所学何事？而今而后，庶几无愧。"

古人特别重视正面人物对社会的垂范意义。因此，《二十四史》大多有《孝友传》、《忠义传》，内容极为丰富，里面的杰出人物，是后人学习的楷模。例如青年将军霍去病，出生入死，打击匈奴，屡建奇功，皇帝要奖励他一栋豪宅，他不为所动，说"匈奴未灭，无以家为"。司马光是北宋著名的政治家，如今大家只知道"司马光砸缸"的故事，殊不知，他是一位清正、廉明、无私奉公、声望极高的政治家。另一位北宋的名相范仲淹也是如此，也有许多感人的事迹。类似的教材，对学生有非常正面的作用，应该很好地利用。

## 以《颜氏家训》为代表的古代儿童教育思想及其启迪

颜之推是我国南北朝时北齐文学家，他身逢乱世，常年漂泊，经历了侯景之乱等大的社会动荡，经历了梁、北齐、北周、隋四朝，但依然能有所作为，官拜散骑侍郎、黄门侍郎、平原太守、隋东宫学士等，非常罕见，他把这一切归结于自己的门庭有整密的风教，"吾家风教，素为严密"，教育有方，格局清高。他目睹太多大起大落的人物和事件，阅尽沧桑。他晚年最关心的事，是教导后人如何在乱离之世安身立命、保持节操。他以长辈的身份，将自己对人生的理解，以及如何治家、为人、为学等经验教训，著为七卷二十篇，这就是被后人誉为"家训之祖"的《颜氏家训》，对后世产生了非常大的影响。颜之推在家庭教育方面主要强调的几点是：

**1. 宽猛相济，慈严结合**

父子之间，既要有严格要求，不得狎昵；又有骨肉之爱，不能隔膜。两者要处理得当,很不容易。他认为,爱孩子,一定要严格要求,不能溺爱。北齐武成帝的第三个儿子琅琊王,是太子的同母弟,武成帝和皇后都喜欢他,衣服饮食,与太子完全相同。武成帝还常常当面称赞他:"这个聪明的孩子,将来一定会有所成!"太子继位之后,他的待遇处处僭越,高于其他兄弟。十岁左右,就骄横恣意,没有节制,器物玩好,一定要与天子一样。只要有一件东西没满足,就勃然大怒。结果,年仅十四岁就被人杀了。颜之推认为,他实际上是被溺爱自己的父母害死的。父母是孩子的第一任老师,也是影响最大的老师,两人分别承担不同的角色;严父与慈母,一个主管孩子的德行学艺是否达标,另一个负责给孩子亲情与温暖;俗话说是红脸与白脸,但目标是一致的。

**2. 风范与节操并重**

颜之推说,在动荡的年代,找书很困难,但是,有些学问很好的君子,为了保持自己的道德与风范,便"自为节度,相承行之",就是自己制定礼仪规范,传承推行。世人仰慕他们,称之为"士大夫风操"。由于他们有操守,世局再乱,也能做到"蓬生麻中,不扶自直"。颜之推以大量的篇幅,介绍士大夫的风范与节操,是当代家庭教育值得认真研究学习的重要思想。

**3. 仰慕贤达之士**

颜之推说,千年出一位圣人,五百年出一位贤人,圣贤之难得,可想而知。因此,如果遇到罕见的明达君子,怎么能不攀附景仰呢?我生于乱世,长于戎马之间,颠沛流离,闻见很广,但对于所遇到的明贤,没有不心醉魂迷地向慕的。人在少年之时,神情未定,接触的人,形形色色,即使无心去学他们,但是潜移默化,不知不觉之中,就随之发生了变化。所以说,与善人居,如入芝兰之室,久而自芳;与恶人居,如入鲍鱼之肆,久而自臭。墨子悲于染丝,是之谓也。君子必慎交游!

《颜氏家训》使该家族十几代都极为富贵荣耀,如颜真卿、颜师古,都是一时之选。颜氏族人在世所得家产最终往往散放社会,只留给后辈这本祖训,并训谕后人谨遵不违,这才有了颜家十几代的兴旺。

江南无锡荣氏家族,是近代著名的民族资本家,毛泽东说:"荣家是中国民族资本家的首户,中国在世界上真正称得上是财团的,就只有他们一家。"如今,荣氏家族已经有第五代了,除少数继续留在大陆外,大都旅居海外,主要分布在美国、加拿大、澳大利亚、巴西、德国和港澳等地。荣氏家族百年长盛不衰的秘密何在?笔者最近在无锡发现一本《人道须知》,大概可以为这一问题提供答案。这本书由荣宗铨主编,民国十六年初版,现藏无锡图书馆。书的目录是:卷一,孝悌;卷二,忠信;卷三,礼义;卷四,廉耻;卷五,家庭;卷六,生活;卷七,自治;卷八,处世。目录中的"孝悌、忠信、礼义、廉耻"八个字,是中国古代文化中教育思想的精华。荣家的兴起和兴盛正是以这样的文化自信为依托的。

**4. 启迪**

(1) 教育要早。《易经》说:"童蒙养正。"儿童在开蒙的时期,一定要让他受到正确的教育与引导,这一点非常重要。童年时代,心理单纯,受外界的污染少,这时进行教育,成效最好。一旦犯了错误,也比较容易纠正。《大戴礼记》引了一句民间的谚语,叫:"教妇初来,教儿婴孩。"非常有道理。新娘初次来到婆家,公公婆婆要先告知家里的生活习惯以及相应的规范,这样她就能比较迅速地融入新的家庭生活。相反,一开始不作要求,等到矛盾激化了再去处理,就很被动了。教育孩子也是如此。孩子的教育必须从婴孩时期开始,才最为理想。孩子的教育,行胜于言。《弟子规》是一本非常适合于儿童行为教育的读本,与侧重于知识教育的《三字经》《千字文》不同,它的特色是教孩子怎么做,对于帮助孩子建立正确的、优良的习性,会有较大的帮助。

(2)礼仪为先。中国是礼仪之邦。礼是按照道德理性的要求制定出来的行为准则。《礼记》说:"礼者,理也。"古人把儿童教育的理念,例如孝顺、尊重、敬畏、谦退,乃至优雅、文静等等,都揉进了礼仪规范之中,让孩子天天学习,天天实践,以求培养出君子的气象。颜之推十分看重儿童的礼仪教育,他说,"吾观《礼经》,圣人之教,箕帚匕箸、咳唾唯诺、执烛沃盥,皆有节文,亦为至矣",每个仪节都经过精心设计,都有深刻内涵。司马光也说,"治家莫如礼",应"以义方训其子,以礼法齐其家"。行为规范的学习,比理论容易得多,孩子容易接受。孩子在学习的过程中,逐步体会到礼的涵义,并且逐步内化为自己的品格。

中国古代至少从先秦时期以来,就非常重视儿童教育,基本特点就是注重孩子的德性和礼仪教育。《颜氏家训》开启了家教与门风的传统,从南北朝到隋唐,知识界普遍重视制定家庭的礼仪规范,私家仪注屡见不鲜。宋代的程颢、程颐和张载等,在自己的家庭中施行儒家礼仪,司马光的《书仪》和《家范》,谈了很多立身处世、成家立业的道理,足称楷模,值得我们批判继承,发扬光大。

# 行修言道,礼之质也

## ——答《光明日报》问

**光明日报**：在讲课中您曾说,在保留或借鉴中国传统文化比较好的地区和国家,由于有"礼",人和人之间就更能相互尊重,相互礼让,人民就显得比较有修养,社会秩序也比较和谐。但是,我们了解到,一些师生认为,当前中国社会存在不和谐的主要原因是腐败、贫富悬殊,是一些地方民意上达的渠道不够畅通、是监督机制不够健全……中国正处在一个转型时期,您认为"礼"在和谐社会的建设中应该占一个怎样的位置?

**彭林**：社会是由人组成的,所以治理社会就要从教育人开始。现实社会中很多问题归根结底都出在人的素质问题上,不从这个根本入手,头痛医头、脚痛医脚,就不会长治久安。所以中国的传统文化把"修身"放在治国的最基础的地位:修身、齐家、治国、平天下。一方面要下大力气解决当前最突出的社会问题,另一方面要抓治理社会的基础问题。

人是有感情、有欲望的动物,《中庸》说"天命之谓性",意思是说情和欲等是人类与生俱来的天性,治国安邦要从尊重人性出发,所以《中庸》又说"率性之谓道"。但人性是有弱点的,比如贪婪、残暴、懦弱等等，必须把它控制在人与人能够和谐相处的程度。过分纵容，无异于把人性等同于兽性，这就要用一些办法来规范，所以《中庸》又说"修道之谓教"。儒家的礼乐文化，就是用来培养人的行为规范和道德意识的。我看这比单纯用禁止、惩治来解决社会问题要好。例如我国传统的成年礼、婚礼、相见礼等等，都蕴涵着丰富的人文理念，让你在喜闻乐见的仪式中感受亲情，感觉责任。又如平时对师长、对父母、对老人行礼如仪等等，都是要在潜移默化之中培养人们尊老敬长的意识和修养。

有人认为儒家文化很迂腐，只知道讲道德。其实儒家一方面认为人是一定要教育的，同时也认为不是所有的人都能接受教育。所以要用"法"来弥补"礼"的不足。礼用于"已然之前"，即犯错误之前的教育；法用于"已然之后"，即做了坏事之后，实施惩治。

制度的建设对于治理国家至关重要，古代有很多制度，例如下情上达、防止有人中间阻塞言路的制度，都是属于礼制的范围。有些做法今天仍值得借鉴。另外像对待弱势群体，《礼记》说"虽负贩者必有尊也"，即使是肩负担挑走街串巷的小贩，也应享有人的尊严，得到社会的尊重。如果公民普遍有这样的素养，对制度的实施就会起到相辅相成的作用；如果人的素养很低，即使建立了制度，执行起来也会大打折扣。

所以我认为，《论语》中的一段话值得我们思考："道之以政，齐之以刑，民免而无耻；道之以德，齐之以礼，有耻且格。"即仅仅用政令来禁止，用刑法来惩治，百姓会因害怕而避免受罚，却没有廉耻之心；但以德来引导，以礼来规范，百姓会因知廉耻而遵守法规。

**光明日报：**《礼记·曲礼》中说："君臣、上下、父子、兄弟，非礼不定","君子恭敬、撙节、退让以明礼",强调的都是以"礼"固定人的名分,维护上下尊卑的社会秩序。可推动社会进步的创新精神却要以敢于向权威挑战为前提,您认为二者之间是否相矛盾?

**彭林**：等级和秩序是人类文明的表现。问题在于,不能把原本属于管理的等级变成特权的等级。儒家历来主张,社会职务的高低,应与你的德行相称。在讲"礼"的时候,不能把它和儒家思想的其他部分割裂开来。在常态下,当然要尊老、自谦、礼让,要下级服从上级。没有这样的秩序,社会就无法运转,也不可能和谐。那么这是否就一定会影响我们向权威挑战呢?我认为不会。儒家从来不认为人就要卑躬屈膝,没有自我。大家可以去读一读《孟子》,里面对国君的批评是很严厉的。他说商纣王是"独夫民贼",人人可以"得而诛之"。他很有气魄,说："如欲平定天下,当今之世,舍我其谁?"他主张人要涵养至大至刚的"浩然之气",要行天下之大道。他很有独立的思想和人格。他说："得志,与民由之;不得志,独行其道"——绝不曲学阿世。他的"富贵不能淫,贫贱不能移,威武不能屈","焉有君子而可以货取乎"等名言,已成为中国历代优秀知识分子的人生理念。自古以来,真正杰出的知识分子都是有个性、求进取的。

**光明日报**：一位名牌大学物理系的男生说,上大一的时候,他们班上课前曾集体起立问候老师。没想到把老师吓了一跳,弄得他很不好意思,非常不习惯。这还是在大学里,如果把视野拓展到家庭、社会,对"礼"的陌生甚至无知就更严重了。您认为当前应该如何在学校、家庭、社会推广"礼"文化,以提高社会的文明程度?

**彭林**：我每次给学生上礼仪课,课前都要向学生鞠躬,一开始学生都没反应。终于有一天,我对他们讲:我这个老师或许并不出色,但韩愈说,教师的职业首先是"传道",你向老师行礼,就是对"道"的尊重,是对教师这个职业的尊重,是对人类文明的尊重。

上次我在香港凤凰卫视讲演之后,一位美籍华人给我来信说,应该请人大代表写一个提案,将公务员礼仪教育立法,使推广民族礼仪成为政府行为,这是一个民族形象问题。我觉得他的话很有道理;其次是要组织专家编写一部全国统一的礼仪教材。现在不少地方都在编写礼仪教材,水平参差不齐,各自为政,这会使原本统一的中国传统礼仪,出现很多不规范的问题。当然,教师培训也是必不可少的;第三,在推广"礼"文化时要注意已经出现的两个误区:

误区之一,是拿西方的礼仪取代我们中华民族的传统礼仪。礼仪是一个民族最具表征性的东西。我们识别一个民族,主要看礼。可是某名牌大学国际关系学院办的礼仪学校里,有非洲礼仪、欧洲礼仪、阿拉伯礼仪……就是没有中国礼仪!还有一些人在电视台给观众专讲西方礼仪;在青年中,举行外国式的婚礼、过洋节等等,都是不容忽视的倾向。对西洋礼仪只是作为民俗知识了解一下无可厚非,如果趋之若鹜,就失去了民族的自尊,本民族的传统节日也会被淹没。

误区之二,是把礼仪教育的兴奋点集中在操作层面,比如鞠躬要弯多少度,握手要停几秒钟等等。这些问题不是不可以讲,但如果只做表面文章,这个"礼"就成了没有灵魂的形式主义,内在的素质没有提升。《礼记》中说,"行修言道,礼之质也。"强调的就是,礼的本质在于言和行都要符合道。

我国传统的礼学把礼分为礼法与礼义。礼法,指的是怎做,即礼的形式。礼义是指形式的意义,二者缺一不可。有礼义没有礼法,再好的礼义也无从体现;有礼法没有礼义,礼法就成了一个没有灵魂的空壳。《礼记》说,礼的最高境界是"德辉动于内,礼发诸外"。德是礼的源泉和动力,推行礼仪教育,最根本的是要提升人的素质,让礼成为千百万人的自觉行为,千万不能舍本逐末。

# 礼乐人生成就君子人格

中国传统文化以"礼乐文化"为表征。从周公"制礼作乐",到孔子强调为人要"同于诗,立于礼,成于乐",到荀子最早系统地论述礼乐问题:"乐行而志清,礼修而行成,耳目聪明,血气和平,移风易俗,天下皆宁,美善相乐。"礼与乐不但是治国安邦之道,更是中华子民的人生境界。"礼别异,乐和同",在秩序与艺术、理性与感性的协同前行中,社会和谐安宁,生命有张有弛、精彩纷呈。礼乐文化区别于西方的宗教文化与思辨哲学,却是中华民族"以人为本"的典范,至情率性。

周公要求执政者懂得尊重人,哪怕是一个小民、一个鳏寡之人,都不要欺侮他,身份更高的人当然就不用说了。那么,作为社会成员的个人,自身又应该如何处世,怎样才能被他人所尊重呢?人只有不断提升自己的境界,才能成为受他人尊重的人。作为一个政府来讲,最重要的事情之一就是要提升人民的道德水准,而不仅仅是要把经济搞好。如果经济上去了,而人的精神面貌非常之差,那这社会是不能进步的,甚至要灭亡的。商朝的灭亡就是一个教训。

大凡一个政治家或者一个思想家,在推出他改造社会的理论体系或者方案的时候,他一定要思考一个问题,就是我这套理论怎样最大限度地切合人自身的特点。这个切合点找得越准,他那套理论的效果就越好。道家认为人都不希望被别人约束,喜欢放任自流,所以主张"无为而治"。法家认为人都害怕刑法,所以主张一切问题都用"法"来解决。儒家认为,人是有丰富情感的动物,因此,所用的政策都要从顺应人性出发。

人性是什么呢?就是我们每个人与生俱来、不学而能、不教而有的天性。具体来说,是指人的喜怒哀乐等情感。儒家认为,统治者要想长治久安,就一定要尊重、要顺从人的这种"性"。

人性原本深藏于我们的生命体内,无所偏颇。但是,当外物影响你的时候,你就会做出反应:是喜还是怒?是哀还是乐?等等。性一旦表露出来,就称为"情"了。儒家主张"己所不欲,勿施于人",自己不喜欢的东西就不要强加于他人,因为"四海之内,其性一也",人性是通的。

说到这里,好像很简单,儒家要求执政者懂得尊重人性,不是已经把问题解决了吗?其实这仅仅是一个前提,只说了一半,而且是非本质的一半。为什么?因为人性它有弱点。人跟动物一样,是从动物界来的,动物性与人性,有很多相通的地方,许多从动物身上见到的那种不好的动物性,其实在人性上都有,比方说贪婪、残暴、争斗、不守秩序等等,这些东西人身上也有。

因此,如果过分地强调人性得自天命,过分地强调它的合理性,不许对它有半点限制,那就是将人性等同于动物性。道家就是这样。儒家认为人性不能放纵,人是动物的灵长,人应该对自己的性情有所把握。有些人很欣赏"性情中人",我说这要看什么场合。如果过分强调个人的性情,不适当地张扬它,只要是我的真性情,我想怎么做就可以怎么做,那这个社会非乱套不可。

那么,人性要把握到什么程度呢?有一句大家非常熟悉的话,叫做"乐而不淫,哀而不伤"。人的性情要有一个度,要达到"不偏不倚"、"无过无不及"这样一种境界。子思的《中庸》,我想很多人都读过,《中庸》开头有一句话叫"天命之谓性",什么叫"性"呢?天赋予你的就叫"性"。《中庸》接着说"率性之谓道","率"就是沿着,沿着人性去治理民众,庶几乎就是治民之道了,这一点我们在上面已经谈到。《中庸》又说:"修道之谓教。"人性有天生的弱点,任何人不可能生下来的时候,他的人性就是不偏不倚,而且一辈子都不偏不倚,这不可能。所以要通过"教"来修正人性,这个教就是教育。而教育的手段就是"礼"和"乐"。《礼记》说"礼缘情而作",意思是说礼是从人的情感出发来制定的。

《中庸》说:"喜怒哀乐之未发,谓之中;发而皆中节,谓之和。中也者,天下之大本也;和也者,天下之达道也。"就是说,在受到外物的影响之前,喜怒哀乐没有偏向,处在中立的状态。一旦受到外物的作用,喜怒哀乐被诱发出来时,都能恰到好处、合于道的要求,这就是"和"的境界了,和是天下最大的"道"。所以,人的情感不能大喜、大悲、暴怒,也不能怠惰、懦弱、无情,要力求进入"大中至正"之域,这样才是一个有教养的人、一个文明时代的人、一个脱离了动物境界的人。所以说,这个"礼"是规范你的行为的。

音乐是人类共有的文化现象,许多民族在新石器时代就掌握了音乐的原理,能够演唱歌曲。对于绝大多数民族而言,音乐是娱乐的工具,自娱或者群娱;而中国却将音乐作为教化的工具,而且是教化的最高形式,这是中国传统文化最重要的特色之一。

所谓"乐为心声",是说乐是人类发自内心的情感之声。人的快乐，是"情动于中"的结果。某件事情感动我了，我就会情不自禁地说"好啊！"就会"形于言"。如果我觉得这样还不足以表达我的情，"言之不足"，就要"嗟叹之"，"好啊，唉呀！"如果嗟叹之仍然不足，我就会"咏歌之"，想用唱歌来表达内心的兴奋。如果觉得"咏歌之"还是不足以表达自己的心情，就会不知不觉地"手之舞之、足之蹈之"了，高兴得手舞足蹈。所以说"乐"是表达人类感情的方式之一。

儒家觉得，人既然是情感的动物，而对情感影响最直接、最强烈的又是"音"。儒家认为要选择对大众身心健康有益的、对社会有益的、对人有道德教化作用的歌曲，儒家把这样的歌曲称为"乐"，并且明确地界定说"德音之谓乐"。

儒家主张人应该"内外兼修"，礼乐文化的分工，是礼外、乐内。人的外在的言谈举止，要通过"礼"来加以规范；而内在的德性以及和谐的性情，则要通过"乐"来提升。内在德性的提升比较困难，可能需要一生的努力才能达到，而外在的行为举止比较容易规范。为了便于大家修身，儒家制定了一套符合道德要求的行为规范，就是通常所说的"礼"，拿来教育大众。你每天践行礼仪规范，不仅可以端正行为，而且可以反过来促进你内心的修养，使你的德行内化。我们知道，许多宗教都有仪式，佛教、伊斯兰教、基督教等都有复杂的仪式和戒律，它们的目的也都是要让人在践行的过程中，强化内心的信念。形式虽然彼此不同，但道理是一样的。儒家认为，涵养心性，最好的方法就是听德音雅乐。古代的文人都喜欢抚琴，有的还要燃上一支香，它不是为了娱乐，而是为了陶冶心性。一个人沉浸在这种德音雅乐里面，他的心态一定是非常平和的。

礼与乐,乐更加重要,是礼的内在动力。儒家特别强调人内在的德性,《礼记》有一句话,叫做"德辉动于内","理(礼)发诸外"。你内心要有一个"德"字,这个"德"字在发着光辉,你的合于礼的行为就会自然流露于外,内外俱修,这才是一个君子。

第三辑

风俗与社会

# 发挥礼仪导向规范作用

"礼仪"一词早在先秦典籍中就在使用,如"礼仪三百,威仪三千。"在《礼记·中庸》等典籍中,礼仪一般指礼节、礼貌或礼仪活动、礼仪形式。此后历代典籍中广泛使用这个词,其含义无大的变化。我国是文明古国、礼仪之邦,历来重视礼仪对言行举止的导向和规范作用。我国传统礼仪对维系中华民族的和谐延续具有重要作用,对于我们培育和弘扬社会主义核心价值观有着借鉴意义。

## 礼仪在我国传统社会中的地位和作用

我国自古就是"礼治"社会。前贤先哲们将"知礼"作为人身修养的重大命题,要求人们按礼仪规范的要求成为君子,甚至"优入圣域"。孔子提出和倡导"道之以德,齐之以礼",希望统治阶级用道德引导民众向上、用礼仪规范大众的行为方式。道德属于抽象范畴,触之无形,视之无色,嗅之无味,弄不好就讲空了,落不到实处。要让道德具有可操作性,就需实现有效转换,使之外化于行、内化于心。这就需要礼仪规范。《礼记》有言:"礼者,理也。"

也就是说，礼是按照道德理性的要求制定的规范，大至国家典制，小到个人行为准则，都可称之为礼。我国传统文化中的礼，相当于西方人所说的"文化"，无处不在，是社会的经纬。在我国传统文化中，礼治与德治互为表里、不可偏废。可以说，儒家理念都是通过礼来展现、践行、推进，从而逐步实现的。

## 我国传统礼仪贯穿的核心价值理念

我国传统礼仪虽称谓各异、形式多样，但其核心价值理念可归为孝、敬、雅三字。儒家将孝作为"至德要道"加以倡导，要求民众从孝敬父母开始培养孝心，然后"老吾老以及人之老，幼吾幼以及人之幼"，将孝心和爱心推广到天下人的父母与儿女身上，如此通过一代又一代人的努力，逐步逼近终极的大同社会。在此过程中，各种孝亲尊老的礼仪规范便是不可或缺的桥梁。儒家从天体盈缩现象中悟出"满招损，谦受益"的道理，故以谦敬为美德。在《易经》中，"谦卦"六爻皆吉，为六十四卦所仅见。《礼记》开篇第一句话就是"毋不敬"，希望民众都有恭敬心。此外，儒家还综合两者，将"自谦而敬人"作为人际交往原则。中华传统礼仪中有大量的敬语与谦语及相应的行为动作，让人们在践行中体验谦敬的人生哲理，使之内化为自身的德性，并实现人际和谐。儒家将雅作为接人待物的仪节加以倡导。礼仪是文明民族的标志：无论哪个民族，但凡文明发展到一定程度，就会形成属于本民族的礼仪。我国作为具有五千多年文明史的大国，礼仪的人文内涵十分丰富。言谈举止文雅，就是一个基本价值取向。即使乡村郊野目不识丁的农民,都懂得待人接物的仪节,也会说几句文雅客气话。这种景象,曾令最早来华的西方传教士非常惊讶。

## 吸收借鉴我国传统礼仪的合理内涵

党的十八大报告强调:倡导富强、民主、文明、和谐,倡导自由、平等、公正、法治,倡导爱国、敬业、诚信、友善,积极培育和践行社会主义核心价值观。用我国传统文化的术语,这可以理解为"道之以德"。继之而来就有一个"齐之以礼"的问题,即如何吸收借鉴我国传统礼仪的合理内涵,将社会主义核心价值观的十二条"德目"落到实处。我国传统礼仪中贯穿的孝、敬、雅等核心价值理念,经过创造性转化和创新性发展,都可以成为社会主义核心价值观的重要内涵。此外,我国传统礼仪规范化、制度化的做法,也可以结合今天的实际予以批判继承。我国幅员辽阔,各地风俗歧异,如何实现"道一风同",关系社会长治久安。儒家将社会生活中的礼仪如冠礼、婚礼、丧礼、祭礼等加以提炼,赋予其新的人文内涵,使之规范化、制度化;这些礼仪又通过家礼、家训等途径,代代相传,绵延不绝。这种做法,对我国今天建立和完善礼仪制度、培育和弘扬社会主义核心价值观仍然具有启示意义。

# 节日与送礼：礼的本质是尊重

## ——答《中国科学报》问

"礼"是精神上的，而不是物质上的。这也是中国传统"礼尚往来"真正的意义。

**中国科学报**：传统上中国为什么特别重视"礼"？"礼物"、"送礼"与"礼"的关系是什么？

**彭林**：中国是礼仪之邦，离开了"礼"就不能成其为礼仪之邦。

中国古代的统治者很早就明白，要想长治久安就要讲究礼义和道德，占领道德的制高点——"得人心者得天下，失人心者失天下"。

道德是抽象的，如何把抽象的东西落实到人的身上，体现在整个社会中？古代的知识精英很聪明，把道德分解成很多项目，例如德、孝、义等，使每一个都变得有操作性，形成一个一个仪式，就是我们所说的"礼仪"。

梁启超在民国初年就讲过，"西方重法治，中国重礼治"，这话说得非常深刻。欧阳修、司马光、曾国藩、顾炎武等古代的学问大家都认为，中国离开"礼"，国和民都无法治理。现代学者钱穆也说过,要了解中国文化,必须看到中国文化之心,中国的核心思想就是礼。国家制度就是礼制,人与人交往更是,个人修身也是通过礼。然而,现在一讲到礼就被理解成"握手"、"拥抱"、"磕头"、"下跪"、"送东西"。

说一千道一万,"礼"的本质是尊重、尊敬,这种敬意通过一定方式能让你感受到。我在这样对待你的同时,也希望你用同样的方式对待我,"来而不往非礼也"。这说明,"礼"是精神上的,而不是物质上的。这也是中国传统"礼尚往来"真正的意义。

古代人不太像我们现在的风气。《仪礼》中记载,古代的士人之间只有第一次见面才送礼,主动拜访是一种低调谦虚的做法,受礼者在隔几天后携带那天收下的礼物上门拜访。古代的人是不会无缘无故收人家东西的,礼物只是个由头,旨在借用礼物来表达尊重,对方将这个情收下了,东西是不收的、要还的。从这里就可以看到"礼"跟"物"的关系。

礼者理也,一定要符合道德理性才叫礼。礼变成行贿受贿了还符合理性吗?那根本就不是礼了。可见,当今我们对传统的礼完全曲解了,这很糟糕,我认为亟须正本清源。

**中国科学报**:传统上,节日的内涵是什么?作家、民俗专家冯骥才认为,今天节日的内涵被偷换了,换成了"吃喝送礼",对此您怎么看?

**彭林**:传统上,节日是与农历的二十四个节气结合起来的——十二个节十二个气。清明、中秋等,实际上都是农历的节气气候转换。在古代,节日是不跟送礼结合起来的。例如重阳节是登高(后来变成了尊重老年人)的日子,基本上不跟吃喝送礼挂在一起。

相反地,过去的节日往往有着健康正面的内涵,比如端午节吃粽子以纪念屈原,同时农历五月初五天气慢慢热了,伴随着毒气生发,所以就要进行赛龙舟、饮雄黄酒等一系列有利于健康的活动;中秋节是团圆的节日,秋高气爽,看到月亮圆了,就想到人跟人要团圆。

我对冯骥才的观点非常赞同,节应该是有文化的,现在过节缺失了文化的内涵。就拿刚刚过去的中秋节来说,你送我一盒几百块钱的月饼,我受之有愧,但却之不恭。最可恨的是,商家为了追逐暴利,制造出天价月饼,这为贪腐提供了土壤和温床。

我认为要打击这种做法,国家应该打击送礼的陋俗,让大家认识到礼必须是真诚的,是有心的。应该提倡人与人之间要真诚。打击腐败要出组合拳,没有奢侈的消费怎么去贿赂?风俗教化关乎国家的命脉,风气坏了这个社会就没有希望。

**中国科学报**:为什么今天的中国,送礼完全变了味?

**彭林**:主要是两个因素:一个是正面教育的缺乏,一个是腐败的土壤没有很好地清除。

正面教育的缺乏让人不知道是非。不少媒体宣传一夜成名,宣传谁有钱谁光荣,这与正确的价值观完全是颠倒的。社会的导向让很多人不想奋斗,抄近路,送礼拉关系,靠金钱买通来达到目的,这些与舆论的导向有着密切关系。现在被揪出来的那些贪腐官员,追究一下他们的发迹史,得出的结论就是:有了腐败的土壤就会滋生腐败。

儒家学者管子曾经说,"礼义廉耻,国之四维",一个国家必须要有这四样东西支撑。人最可怕的就是无耻。在当下,这种教育是缺位的。

没有正面教育,一个人就不会学好,就会把个人利益最大化,认为这是天经地义的。整个社会风气就普遍浮躁了。现在中央指出,反腐败要"踏石留印、抓铁有痕",要赶快行动起来。

**中国科学报**:中国式人情社会的优缺点是什么?

**彭林**:讲人情不是坏事,人非草木,孰能无情。但是这个情就怕走到极端、走到不健康的地步。传统的儒家思想是承认情感的,但强调要拿捏好自己的情感。

另外,人本身要有德性,要有人格。有了德性就做不出有损尊严的事。如果没有尊严、不知道羞耻就不是真正意义上的人。

# 社区礼仪：敬、静、净、雅
## ——答《社区》杂志问

**记者**：现在，有很多社区居民反映，社区中的生活环境不好，一些居民不讲文明，乱搭乱建，制造噪音……您一直专注于传统礼仪的研究，对现在这些"失礼"行为，您是如何看待的呢？

**彭林**：从社会现实看，弘扬传统礼仪文明，已经是一件迫在眉睫的事情。"知书达礼"原本是我们的传统，现在的状况却是，孩子不懂得尊重父母，学生不知道尊重老师，人和人之间普遍没有得到尊重。尊重是通过礼仪来表达的，尊重没有了，礼仪也就不存在了。行为失范和道德水准下降，已经成为新的社会病。在社区，许多居民不重视他人的感受，乱占公共场地、乱丢垃圾、不尊重他人的休息权利、随意践踏草坪、把路边的公共座椅踩脏……诸如此类的不讲礼仪的行为我们还可以列举很多。

我是搞古代文明研究的，近些年来一直注重研究中国古代礼学。中国古代的礼仪是以修身为基础的，礼是合于理的言行举止。你内心树立了德，所表现出来的行为就必然合于礼。所以，礼并不是很多人理解的仅仅是形式主义的礼，它是以内心的德为基本前提的。我认为，礼学精神最主要表现为"敬"，没有敬，就没有礼，对人、对事、对工作都要有敬意。前不久,我到民进中央去讲课,他们的秘书长跟我讲,民进中央老一辈的领导人修养都很好。比如,叶圣陶先生,他名望那么高,但无论给谁打电话都非常客气,并且总是要等对方挂了电话他才挂电话。再比如雷洁琼先生,她的住所是一个回形的走廊,大家到会议室开会,每每要从她卧室门口经过。每逢大家走到她门口,正好她进门拿东西或者有什么其他事,她总是先面对大家,跟大家打招呼,等大家都走过去了,然后才转身进门。她从来都不会自顾自地转身进门,然后"啪"的一声把门关上。这两件事都很细小,但所反映的人格确实非常之高大。如果内心没有很高的修养,对人没有真诚的敬意,是绝对不能想象的。

目前,很多人都发表抨击文章,列举中国面临的道德危机,我认为,从社会层面上看,要解决这个问题,就要重建道德规范和行为规范。在重建的过程中,礼仪规范就是一个非常重要的问题。原有的礼仪被破除了,而新的礼仪又没有建立起来,想学都没个地方学,大众的行为怎么会有规范?我觉得,建立新的礼仪规范应该到了提上日程的时候了,因为这关系到我们整个民族的形象。现在,国民的海外形象很不好,人家一见到彬彬有礼的黑头发、黄皮肤的人,总以为是日本人,或者是韩国人、台湾人。如果是一个不讲礼貌的人,大家一般都会联想到大陆人,为什么?原因就是我们许多出国观光的国民表现都很差劲,大声喧哗、不肯排队、衣衫不整、爱贪小利,人家就是通过他们来认识中国人的形象的。他们的表现,反映出我们对公民的道德、礼仪教育的现状是何等的糟糕!

社区是一个人一生当中生活的主要舞台,幼儿、青少年、成年人以及老人,他们的生活轨迹无论通向哪儿,最终的回归点都要在社区。在这样一个经常生活、工作的空间里,要发生很多关系,包括:居民与居民之间,居民与居委会、物业公司之间,家长同孩子之间,孩子相互之间等等很多细微密切的关系,这些关系发展和谐了,社区就会实现良性发展,否则,社区就会发生紊乱,进而影响到人们的生活、工作和学习。而且,人们在社区中的不文明行为,也会直接影响到国民良好的形象。所以,在现阶段,礼仪教育最需要的就是深入到社区、深入到家庭,从身边的小事做起,把我们中华民族的传统礼仪发扬出来。

**记者**:您在一次讲座中提及,社区、家庭中的礼仪可以总结成四个字:敬、静、净、雅,您能结合这四个字谈一下社区礼仪的具体含义吗?

**彭林**:我用几个字概括了一下社区中应当做到的礼仪:敬、静、净、雅。第一个字就是"敬",是尊敬之意。这里包含有"谦"的含义,因为你既然要"敬"就肯定要自谦。"敬"是礼最基本的核心。《礼记》里面的第一句话就是"勿不敬",不要有不敬的心理,对人对己对事业都要有一种敬意。这就引申出来要自谦,尊敬别人就要自谦。为什么一些礼貌用语里都有"令尊"、"令兄"、"令妹"等等这样的字眼?讲到自己的家人,通常都是"家父"、"家母"等,这些称呼都是很谦虚的。当然,"敬"也包含"让"的含义。现在学校里,学生和老师见面,学生都不让老师,横冲直撞。《礼记》里面讲,你驾着车到自己生长的乡村,是决不能横冲直撞的。"敬",你就要知道"让",看到老年人你就要点头,要致意,人和人之间互相都要这样,你才会感觉到和谐,而且这个热情和谐要表现出来。

第二个字是"静",安静的静。因为小区互相之间的这种尊重,要通过"静"来体现。比如,小区里有很多人弹钢琴、唱卡拉OK,但却不顾及别人的感受,这样很不礼貌。我到某个机关讲课时,有一位处长跟我说,他们的机关食堂,你坐进去别想聊天,太吵闹了。还有一些中餐馆,吵吵闹闹,无法交谈,这些都是不文明的表现。我在王府井书店讲课时,曾经举过这样一个例子:有一次,我在学校这边请一个外国朋友吃饭,在吃饭的过程中,突然发生一阵骚乱,把我的外国朋友吓了一跳。实际上就是我们吃饭时的那种圆桌,上面有一块能转动的玻璃,很多人围在一起吃饭喝酒,所有的人都拿杯子往上敲,"干杯!","干杯!"这种情况其实在我们中式的餐馆很常见,大家一起吃饭,高兴时"过过电"也可以理解,但是前提应该是尊重别人的感受,为别人营造一个良好的用餐环境,这是礼仪的基本要求。后来,那位处长说,我们什么时候能把机关食堂变成能够安静用餐的地方就好了。

第三个字是干净的"净"。尊贵的客人来了,家里要打扫打扫,收拾收拾。在古代,客人来的时候,虽然杯子已经很干净了,可是还是要当着客人的面再洗一洗,要让人家放心。吃东西也有很多要求。现在,吃饭的时候,有很多人喜欢用自己的筷子在菜盘里搅啊搅啊;又如,夹了一块骨头,嫌不好,又把它放回到原来的盘子里面去了。中国人在传统礼仪中,往往是通过"净"来体现敬,如天坛有一个祭祀的地方,旁边有个斋宫,祭祀的人必须沐浴后才能进入斋宫,这样就表示对神的一种敬意。

第四个字是"雅",一个讲礼的社会,人们必然举止都很文雅。表现在和人说话、谈吐、举止等方面。现在,在大街小巷,有很多人拿着牙签有事没事就往嘴里掏,或者问:"吃了吗?"在日本、台湾、韩国,他们一般是不当着别人的面剔牙的,一定要转过身子才比较

社区礼仪:敬、静、净、雅　　77

雅。"你吃了吗?"人家一般说,"请多用,请慢用!"前面提及的在饭店"过电",这种方式可能一般人能够接受,但是确实不"雅"。礼的前提是以别人的存在为前提的,而"过电"一类行为就没有想到别人的感受。其实这种情况完全可以有意识地避免,比如"过电"就可以在一个比较封闭的环境中,或在不干扰别人的前提下进行。

**记者**:在社区和家庭生活中,家长的一言一行都会影响到孩子。您在讲座中也曾提到,社区中家长的不文明行为,会对孩子起到不良的导向作用,教育家长就是社区的责任。这其中包含什么样的含义呢?

**彭林**:前几天,我在北京市某区市民学校讲课,有一位姓刘的先生说,他们小区内有些人图省事,离着老远就把垃圾袋扔到桶外边了。家长这样,孩子能不跟着学吗?所以,教育家长就是我们社区的责任。因为这关乎孩子的未来发展。现在我们要让家长意识到,你的一言一行都会影响到孩子。

又一次,我与某师范大学的一个教授聊天。他在日本生活多年,谈及礼仪问题,他非常感慨。他给我讲了一件事。他说他在日本的时候,有一次参加了一个代表团,在过马路的时候,正好是红灯,有斑马线,这时是不能通过的。此时,马路上一辆车都没有,这时有一个老太太站在那儿,本来,老太太走过去没什么问题。但是她却一动不动。而此刻他们就想走过去,后来有人说,人家都没走,我们也别走了。后来他们问这个老太太,明明没有车,您为什么不走啊?老太太告诉他们,后面楼上有一个孩子一直在看她,她如果走过去,他将来就会找到一个依据,他就会认为,红灯亮着走过去,没关系,我就看过一位老人在红灯亮时走了过去。那样一位老人,她连斑马线这件事都会想到可能会给孩子带来的影响。所以,道德自律的重要可见一斑。我们现在就是缺乏这种道德自律,尤其是家长更缺乏。所以,我们要改变整个社会的风气,社区是个关键。

以前我们常说:"孩子是祖国的花朵",孩子需要社会和家庭的教育和引导,好的社区环境和具有良好礼仪习惯的家长都会给孩子的成长带来不可磨灭的烙印。因此,就需要抓住社区这个很重要的教育载体,在社区中普及礼仪教育,让社区和家长作好孩子的表率。像我编写的一本《中华传统礼仪格言》,就是一本宣传中华民族优良传统的图文并茂的通俗读本,很适合青少年和家长阅读。我还打算把它做成一些漫画看板放到社区去宣传,争取让传统礼仪走进我们每个家庭。

**记者:** 很长时间以来,城市社区居民的道德危机问题一直阻碍着社区文明程度的提高。您认为传统礼仪的社区回归对社区建设有什么样的重要意义?

**彭林:** 道德礼仪问题做实了,对社区建设来说,就是真正落实了,就是不尚空谈。我们经常讲道德建设不能空谈,那么,怎么才能不空谈,就要把它变成可操作的东西。这个道德它不是空的。就像天安门升国旗,这就是礼仪的一个非常成功的范例。关于天安门的国旗礼,我原来看过一个资料,最初不是这样。最初是由一位天安门管理处的工人完成的。每天到升旗的时候,他就拿着国旗独自走到广场的旗杆下,把旗子升上去,到了下班的时候,他又把旗子降下来。不奏国歌,升降国旗的钟点也不太严格。后来,有人提出了改革升旗仪式的建议,才变成现在的样子。国旗是国家的象征,民族的尊严就体现在这面旗子上,岂能随便找个人升降?

必须由解放军战士担任旗手和护旗手,并且要有解放军荷枪护送。你只要看过这一礼仪,国旗神圣不可侵犯之心就会油然而生。用礼仪来进行爱国主义教育,这样,宣传礼仪的目的就完全实现了。所以,我们可以通过实实在在的礼仪教育来丰富道德建设的内容,让社区道德建设真正落到实处。

# 从"拱手礼"之争说起
## ——答《解放日报》问

**解放日报**：今年央视春晚上，主持人动员全国观众向长辈行拱手礼，没想到却引来一片争议之声。有人说，用平辈之礼来敬长辈，是没文化的表现；但也有人说，倘若真的按传统磕头，恐怕会招致更加激烈的批评。一个拱手礼，为什么会引发这么大的反响？

**彭林**：真是应了古人那句话，仓廪实而知礼节。这事要放在以前，大家可能都不会留意。因为经济没有发展到一定程度，肚子吃不饱，想讲究也讲究不起来，对很多事情只能将就。从"将就"到"讲究"，反映了随着整个国家的经济水平和民众生活品质的明显提升，老百姓对于文化、礼仪层面的东西正越来越关注。

中国人讲究伦理道德，人与人之间有辈分之分。对象不同，礼节也不同。在一年、一生中的某些特殊时刻，用一种高于平辈的肢体动作或者语言将对长辈的这种敬意、尊重表达出来，当然是应该的。用于平辈之间的拱手礼固然是于礼不合，但为什么这些年来，我们一说跪拜礼，封建、奴性这样的声音就出来呢？跪拜礼被妖魔化，这是很令我痛心的。这不过是人类表达敬意的一种普遍方式。另外，跪拜关键是要看对象。比如大敌当前，你对敌人俯首称臣，这是要受到唾弃的;在权势面前屈服,这是没有气节的。可是"俯首甘为孺子牛"呢,就连鲁迅这样一个硬骨头都要提倡的。对生养自己的父母行一个大礼,这又何错之有呢?可我们这几十年来一直反对跪拜礼,并且把它和卑躬屈膝、奴性牵扯在一起。其实我认为,凡是还流淌着中华文化血液的人,对这个事情应该都很好理解。

**解放日报**:礼仪规范无所适从,这已经成为一个普遍的问题。不仅是节日礼仪,包括日常礼仪,该怎么吃饭走路,怎样与人交谈,如何称谓得体等,基本上都处于失序状态。比如称呼这个事情,过去是一律叫"同志",现在是"老师""哥姐"等泛滥。我们隐隐觉得不妥,但怎样才更妥当,却又说不出个所以然来。

**彭林**:礼有一个核心,叫做自谦而敬人。为了凸显这种尊敬,往往要自谦,所以古人见面的时候,张嘴就是礼:阁下以为如何。我在香港工作过一段时间,香港学校给家长的通知书,不会出现你啊、我啊这样的字眼,都是"贵家长""敬启""奉告"这样一套规范的话语体系。由于礼仪失序,现在闹笑话的事情可不少。甚至有些颇有层次的人,在介绍家属的时候,都自称"我夫人"。"夫人"是别人的敬称,自我介绍应该是内人、内子。最近还有个事情让我特别感慨,现在年轻人连亲戚之间该怎么称呼都不知道了,结果年前有张"亲戚关系图表"在网上受到热烈追捧。这说明,且不说社会上的交往了,就连亲友称呼现在大家都弄不明白了,可见重建礼仪文化之紧迫。

令我担心的是,现在似乎还有这样一种趋势,越是不讲究,越是粗鄙,越是被大家视为"亲民"、"放下身段"。有些公众人物在大的公开场合,都是我老公、你老婆这样地称呼。还有近年来颇为流行的名人骂战,有些所谓的"社会名流"被人批评"出口成脏",他倒反过来回应"我不装高雅"。你看,他认为高雅都是装出来的。真正的遵守礼仪、上台面,反而被认为是形式主义、拿腔拿调。有一点需要强调的是,我们现在一说"庸俗化",好像是专指电视里那些低级的搞笑、无聊的娱乐,其实一个社会没有恰当的礼仪规范对人们的行为加以指导,这何尝不是一种庸俗化的体现呢?

**解放日报**:究竟怎样的礼仪才是适应今天中国社会,适应这个时代的?

**彭林**:在反传统的大背景下,首当其冲被打倒的,就是礼。但可惜的是,在传统礼仪文化被打碎之后,我们新的适应时代的礼仪文化又没能建立起来。今天至少在城市里,传统礼仪已经基本消失了,就连婚礼都成了表演秀。社会上尽管也不乏各式各样的礼仪培训班,但大多培训高尔夫礼仪、商务礼仪、西餐礼仪,在有意或者无意地用西方礼仪覆盖或者替代中华礼仪。但这毕竟不是我们本土文化里生长出来的,而且越来越多的人也意识到,礼仪文明本是中华文化的应有之义,为什么要亦步亦趋去学别人呢?

以礼仪文化为鲜明特征的中华文明曾经传播东亚各国,当地的文明进程也因此而受到推动。一直到今天,中华礼仪都还根深蒂固地扎根在这些国家。在今天中国经济社会已经发展到了一定阶段的情况下,是时候该好好清理一下我们的传统礼仪——哪些在今天还能用,哪些应该做改进。同时,像韩国、日本,包括华人非常多的马来西亚,他们生活中还保留了哪些中华传统礼仪,我们也可以做一个参照。盲目照搬古礼那一套也不科学,礼仪只有符合时代、顺应潮流,获得民众认可,才有可能化为实实在在的风俗和日常行为规范。

**解放日报**：可是"随便"惯了的国人还能否适应礼仪？有人甚至认为，礼就是形式主义。我们重建礼仪文化，究竟意义何在？

**彭林**：我们提出建设和谐社会，这非常重要。但人与人之间如何实现和谐，个人身心如何方能和谐呢？其实，礼仪是实现中国人自身和谐、人际和谐的一种重要途径。古人认为，人与人之间的尊重和谐，首先要从我做起，从称谓、语言、肢体动作上表现出来，让对方感受到，同时也希望得到同样的回应与对待。这就叫"我敬人人，人人敬我"。

从这个角度说，我们先人确实很高明。尊重就像空气一样，看不见摸不着，是一个抽象范畴，但它的确存在，并且离开久了，要出大问题。于是，我们的先人就把这些道德规范分解为一系列具体的行为指导，成为一套可以操作的规范系统：对长辈应该如何敬重，父子、夫妻、亲朋、兄弟、陌生人该怎样相处。而在这种日常履行的过程中，道德也得到了内化。

今天，很多人对礼仪的功能和重要性没有一个清醒的认识，以为就是形象工程、形式主义。以至于现在每逢重大盛会，都可以看到培训礼仪小姐的浩大声势。似乎展示文明形象，只要礼仪小姐就行了。这种礼仪文化，是一种博物馆文化。真正的文明，应该体现在每一个社会成员身上。

# 从传统文化看荣辱观的养成
## ——答《光明日报》问

## 衣食足而知荣辱

**光明日报**：中国人自古注重荣辱问题："仓廪实而知礼节,衣食足而知荣辱"、"礼义廉耻,国之四维,四维不张,国乃灭亡"。在古代文献中,有关荣辱观的论述还是很丰富的。

**彭林**：荣辱观,就是怎样看待荣与辱,以做怎样的事为荣,以做怎样的事为耻,有其鲜明的道德指向,实质上是价值观问题。历史上,最早意识到道德对于社会长治久安的重要性的是周公。商纣王以为自己的权力是天佑神授,所以为所欲为,暴虐无道。结果牧野之战,顷刻覆亡。克商之后,鉴于殷商覆亡的教训,作为政治家的周公,对商朝的政治做了历史性的总结,认为商人覆亡的根本原因是失德,因而提出了把道德建设作为政权建设核心的主张。著名学者王国维先生说,周公纲纪天下的宗旨,是"纳上下于道德,而合天子、诸侯、卿大夫、士、庶民以成一道德之团体,周公制作之本意，实在于此"；王先生还说："周之制度、典礼，实皆为道德而设。"周公之后，德治问题成为孔子、孟子、荀子等知识精英讨论得最多的问题之一。作为毕生崇尚道德、追求完美的君子，一生应该怎样度过，怎样趋荣避辱，怎样对社会有所贡献？他们的论述，我们今天读来，依然富有启示。

《管子·牧民》说，"礼义廉耻，国之四维"。"维"的意思，大致与"纲"相同，所以古人经常"纲维"连用。社会的安定与进步，要靠道德的引领。礼、义、廉、耻，是道德的四大纲纪。人一生不做坏事，不是慑于法律，而是出于人的良知，当这样的教育成为大众的普遍意识之时，国家才会有长治久安。礼，就是人与人交往时的最合于道理的行为方式。社会要走向和谐，就要克服混乱无序的状态，人人懂得互相尊重、彼此谦让，这就需要礼来引导。"义"，在先秦语汇中，是适宜、合理的意思。近年出土的郭店楚简解释说："义者，宜也。"人见到合理的事情，即使与自己没有直接的关系，甚至很危险，也应该挺身而出，以维护公道，声张正气，即后人常说的"见义勇为"。"廉"，是廉洁。古代的士，都把清廉作为重要的操守来对待。清廉与否，是官声好坏的主要指标。官员负有领导社会的责任，如果不能清廉自守，一心奉公，就会成为社会的蛀虫，危害一方。"耻"，是耻辱、羞耻，孟子说人有四种善端，"羞恶之心"是其中之一，即对于害人、害己的坏事，有厌恶之心，羞于去做，哪怕打死也不能去做。这是有是非观念的表现。在孔子的学说中，仁是最高境界。孔子提倡"仁"，仁者对大众有强烈的爱心，对社会有至诚的关怀。人一生的荣辱，都与是否行仁密切相关。《孟子》中说："仁则荣，不仁则辱"。可见，在孟子看来，荣辱是与道德相互依存的。道德高尚者，如孔子所说，"志于道，据于德,依于仁,游于艺",有坚定的理念,为万人所敬仰,自然会有荣光。即使在世时不得志,为权势所压抑,但也会有身后之荣。相反,悖逆仁道,多行不义,即使得逞于一时,但终究要受辱于世。荣辱与个人修养也有密切的关系,《论语·学而》说:"信近于义,言可复也;恭近于礼,远耻辱也。"诚信,有礼,自然就远离耻辱了。反过来说,没有信誉,无礼,当然要徒自取辱。

在儒家的学说中,荣辱贯穿于社会生活的各个层面。比如,儒家提倡孝道,其中就渗透着荣辱的问题。如果做子女的在生活上能够尽心照料父母,可是却去做辱没父母名声的坏事,使父母蒙羞,这同样被视为不孝。这是非常朴素的道理,因为自己的名声是与父母、家庭不可分割的。《礼记·内则》说,"父母虽没,将为善,思贻父母令名,必果;将为不善,思贻父母羞辱,必不果。"意思是说,即使父母故去了,如果想做善事,想到这会给父母带来好的名声,就一定会去做。反之,如果想去做坏事,但想到会给父母带来羞辱,就一定不会去做。

在《礼记·祭义》里,把"居处不庄,事君不忠,莅官不敬,朋友不信,战阵无勇",都看作是"灾及于亲"、有辱于父母、有辱于门庭的不孝行为。因此,无论何时何地、无论做什么事,都要考虑是荣、是辱的后果,这是劝人向善的非常有效的方法。不同的身份,荣耻的内涵也是不同的,地位越高,相应的要求也越高。例如,对于政府官员来说,尸位素餐,就是耻辱。《论语·宪问》说,"邦有道,谷;邦无道,谷,耻也。"国家政治清明,你拿着俸禄;国家政治不清明,你不去努力改变它,照样白吃俸禄,就是耻辱,因为你没有社会责任心。《论语·泰伯》也有类似的话:"邦有道,贫且贱焉,耻也。邦无道,富且贵焉,耻也。"国家政治清明,政策很好,可是你不知努力,依然过着贫贱的生活,这是你的耻辱。相反,政治黑暗,你却荣华富贵,这也是你的耻辱。此外,官员要忠于职守,要能出色完成任务。《论语·子路》说,子贡请教孔子:怎样才能称为"士"?孔子把"行己有耻,使于四方,不辱君命"作为士的条件之一。个人的荣辱,总是与祖国的荣辱息息相关的,因此,不使国家的声誉受到影响,历来是荣辱观的重要内涵之一。

## 修身当先知耻

**光明日报**:《南史》记载了陶弘景的一句话:"读书万余卷,一事不知,以为深耻。"可见对自己的要求之严,反观现在高校出现的诸如学术腐败、学术标准丧失的现象,令人深思。您如何看待荣辱观念与人格塑造的关系?

**彭林**:我想,问题出在两个方面。第一,把为学与做人分割了。儒家的学说,以修身为基础,《大学》说:"自天子以至于庶人,壹是皆以修身为本。"无论职位高低,修身都是每天必做的功课。而修身当先知耻。《孟子·尽心上》上说:"人不可以无耻,无耻之耻,无耻矣。"人不能没有耻辱之心,没有耻辱之心的无耻是最大的无耻。古人读书为学的主要目的之一,是为了完善自己的人格,而不是为了向别人炫耀,或者猎取功名富贵。两种不同的为学目的,必然导致两种不同的学风和两种不同的结果。

第二,趋荣避辱的途径不正当。在当前高校的竞争机制之下,各种待遇与职称、成绩挂钩。有些目光短浅的人,为了达到"胜出"的目的,想方设法,甚至不择手段,最后声名狼藉。失去了道德引领的竞争，哪有不出问题的？我们不妨读读《荀子》，里面谈荣辱之处触目皆是，有一篇的篇名就叫《荣辱》。荀子说，"好荣恶辱"是人类的共性，君子与小人都有这种愿望，无可非议。问题在于，"所以求之道则异也"，如何趋荣避辱，君子与小人却是大相径庭。小人巧言令色，好行诈骗，却千方百计地伪装自己，试图以此来博取荣名，结果适得其反，只能徒自取辱。君子不同，君子从提高自身做起。对于学者而言，要通过提升业务能力入手。所谓"一物不知，深以为耻"，反映的是一位真正的学者的学术态度，终身不知疲倦地钻研问题，经由此途而得到的学术荣耀，是真正的荣耀。如果急功近利，一本书没有读完，就想写几本书，耍小聪明，甚至剽窃，这都是没有耻辱之心的表现，注定要失败的。

时下有些读书人，把书本当做谋生的工具，读书与做人是两张皮。我们每个人都是一个认知的本体，从根本上来说，人一生的追求，都是为了提高自身的境界。如何提高？要靠学习，包括对真知的亲身实践。离开了实践，功夫就是不完整的，或者是假的，因为知和行必须是合一的。所以，孔子要求学生做"君子儒"，不要做"小人儒"。小人儒把学问挂在嘴上，说的和做的可以完全是两回事。君子儒把学问放在心上，言行是一致的。作为高校的教师，同样要解决荣辱观的问题，什么是耻？怎样才能远离耻辱？一定要从修身的问题上抓起。

这些年，我们的社会从贫困走向富裕，在这一过程中，上上下下比较多地注重物质利益，是一个必然的现象。但是，不能让它成为一个永久的现象，随着经济水平的大幅提升，一定要加大道德教育的比重。《管子》说，"仓廪实而知礼仪，衣食足而知荣辱"，一定要在教师中展开荣辱观的教育。只有教师都有强烈的道德自尊和自律，反对学术腐败才能成为学术界的自觉行为。孔子把知、仁、勇作为人的三大美德，他说："好学近乎知，力行近乎仁，知耻近乎勇。"一个人只要好学，差不多就是个聪明人了。懂得一个道理，能够身体力行地去做，几乎就是仁者了。人不是圣贤，会做错事情，但只要能引以为耻，迅速改正，可以说就是勇敢了。孔子的这些话，对于我们在学术界树立正确的荣辱观，依然有积极的意义。

## 少成若天性，习惯成自然

**光明日报**：中央提出的社会主义荣辱观，实际上是提出了个人如何处理好与国家、人民、社会等方面关系的准则。很久以来，我们都提出要注意青少年的思想品德教育，荣辱观的提出，可以使原有的教育更加深化和具体，更有时代性。

**彭林**：青少年是国家的未来，他们的思想行为如何，预示着国家的前途，因而不能等闲视之。青少年涉世未深，心灵比较单纯，识别是非的能力比较差，容易受到外界影响，包括正面的和反面的影响。当前，我国正处在转型时期，各种信息对孩子的影响非常复杂，如果不很好注意，将来就会成为社会问题。

在我们的传统教育里，十分注重培养经国济世之才。这种人才的培养，是要从修身做起的，而修身则要从儿童时代抓起。我国古代的儿童教育，人格教育是第一位的，让孩子成为一名合格的社会成员，然后才是知识教育。古代童蒙教育的成功表现之一，是有许多优秀的教材，《礼记》中的《曲礼》、《少仪》、《内则》、《大戴礼记》中的《保傅》和《曾子事父母》，以及《颜氏家训》、《三字经》、

《千字文》、《童蒙须知》、《弟子规》等,都是名扬四海的童学教材。其中,朱熹对童蒙教育倾注的心血尤多,建树也最大。他认为,南宋之所以朝纲不振,是因为朝廷缺乏栋梁之才;而朝廷之所以缺乏栋梁之才,是因为童蒙时代没有受到良好的教育。因此,从国家的前途考虑,必须下大力气抓好童蒙教育。而童蒙教育的核心,是"培其根"、"固其本",使之"正",树立正直的品性。儿童思想单纯,身上坏习气比较少,只要引导得法,好的品行不仅与日俱增,而且根植于心田,正如孔子所说,"少成若天性,习惯成自然"。如果全社会都同步进行,那么社会风气的转变,就指日可待了。朱熹"童蒙养正"的理念非常正确,得到许多学者的响应。

　　童蒙教育能否"养正",检验的重要指标之一,是是否培养了孩子的廉耻之心。中央提出的"八荣八耻"的社会主义荣辱观,是针对全国人民的,具有普遍的指导意义。但是具体到不同年龄、不同职业的群体,应该有各自的侧重点。我认为,对于青少年尤其是如此,切忌大而化之,当做口号,贴在墙上了事。青少年荣辱观的教育,要解决他们人格培养的基本问题:懂得明辨是非,懂得什么是人格和国格。这里面既有涉及国家荣誉、国民利益的大是大非的问题,也有涉及个人修身、道德品质的具体问题。后一类问题,对于儿童的健康成长最为现实,最容易见效,尤其要精心设计。要通过荣辱教育,在学生的心理机能中培育抵制恶言、恶行、恶事的能力,耻于做不善、不正、不诚、不敬之事,一心向善。使青少年从小懂得怎样爱惜自己的名誉,努力为家庭和祖国增光,这样就可以把思想道德教育落实到孩子身上。

# 国家元气,全在风俗

## ——汉代民风扶正祛邪启示

说起风俗,一般人想到的不过是过年过节的小吃、庙会上的杂耍之类,其实不然。风俗是某一地区的民众在长期的社会生活中沉淀、累积而成的风气和习俗的总称。风俗扎根于社会底层,基础深厚,惯性强大,往往可以左右社会的走向。风俗的核心是当地文教正邪与盛衰,若是各地卖淫嫖娼成习,行贿受贿成风,聚赌殴打成癖,则社会发生动乱已经为期不远。因而风俗问题历来受到重视,不少皇帝微服私访,就是考察风俗是敦厚还是浇薄,以此判定地方官员施政的得失。中国幅员广袤,各地风俗殊万不同,如何整齐风俗,引领社会走向"道一风同"的境界,是历代政府面临的重大课题。宋儒楼钥《论风俗纪闻》说:"国家元气,全在风俗;风俗之本,实系纪纲。"清儒黄中坚《蓄斋集·风俗》说:"天下之事,有视之若无关重轻,而实为安危存亡所寄者,风俗是也。"其中的道理,非常深刻。

观风俗,知得失。派遣风俗使巡访四方,成为汉代政治的一大创举

武王克商之后,周公制礼作乐,而有成康之治,刑法搁置四十余年不用。春秋乱世,王权衰落,夷狄交侵,风俗开始败坏。《汉书·地理志》纵论各地风俗,具体而深刻,如位于漳河与黄河间之大都会邯郸,北与燕、涿相接,南与郑、卫紧邻,各地风俗交汇于此,其民大多不把作奸犯科当回事。晋北地区的钟、代、石、北诸州,靠近胡地,民众耳闻目濡,浸淫成风,好为奸诈,不事农商。河北地区的赵、中山一带,地薄人众,因当年纣王长期在沙丘淫乱,遗民犹在,男人到那时还是喜欢相聚游戏,以掘冢盗墓为业,女子则以游媚富贵为荣。凡此种种,都显示了风俗的下滑与民风的侈靡,但由于战乱频仍,无人顾及这种情况。

汉代大一统帝国,疆域已与今日中国相当,经过"文景之治"的休养生息,国力迅速强大,风俗败坏的现象开始凸显,朝野上下意识到,整齐风俗,事关四方的文化认同与万民的素质,不可等闲视之,必须下大力解决。西汉元朔元年(公元前128年)冬十一月,汉武帝下诏,提出通过"广教化"的方式,宣扬"本仁祖义,褒德禄贤,劝善刑暴",最终达到"美风俗"境界的治国理念,得到广泛响应。就两《汉书》所见,政治精英、社会贤达每有所论,必定品评风俗厚薄。如贾谊将社会上杀戮父兄、盗取宗庙祭器等现象归咎于"汉承秦之败俗,废礼义,捐廉耻"。龚胜多次上书,表达对"盗贼多,吏不良,风俗薄"的忧虑。魏相上谏书说,某年之中,郡国内

子弟杀父兄、妻杀夫的恶性犯罪,竟然多达二百二十二人,原因之一是"风俗尤薄"。仲长统无限感慨地说,汉兴三百五十多年了,而时局依然是"上下怠懈,风俗雕敝",他主张"敦教学以移情性,表德行以厉风俗"。诸位贤达忧虑风俗败坏之心,灼然可见。

许多官员上书,提出解决之道,比较一致的意见是,模仿上古采诗故事,"观风俗,知得失,自考正"。根据《礼记·王制》的记载,上古王者要定期巡行天下,考察风俗,倾听民声,但凡发现有内容纯正的诗歌,则加以采录,带回去推广,以此齐一民心。汉代官员认为这是值得仿效的制度,因而纷纷建议设风俗使,巡行天下。如魏相上奏宣帝,要求派遣谏大夫博士巡行天下,"察风俗,举贤良,平冤狱"。得到宣帝采纳,元康四年(公元前62年)春正月,宣帝派遣十二人循行天下,"览观风俗,察吏治得失"。

其后,派遣风俗使巡访四方,可谓史不绝书,成为汉代政治的一大创举。初元元年(前48年)夏四月,元帝派遣十二人循行天下,"览风俗之化。"元帝建昭四年(前35年)夏四月,又派遣二十一人循行天下,"观教化之流"。平帝元始四年(公元4年)二月,遣太仆王恽等八人"分行天下,览观风俗"。

受命担任风俗使的,都是学识广博、品德端正的儒者,如谷永"博学经书","有茂才";再如韦彪"好学洽闻,雅称儒宗","安贫乐道,恬于进趣,三辅诸儒,莫不慕仰之",汉章帝曾多次召见韦彪,"问以三辅旧事,礼仪风俗"。又如汉安元年(142年)八月,顺帝派遣侍中周举、杜乔等八人为使,到各州郡巡行风俗,"班宣风化",这八位使者"皆耆儒知名,多历显位",天下号称"八俊"。

西汉政府为扭转暴秦以来的败俗,可谓不遗余力。汉武帝独尊儒术,大力进行社会改革,成绩卓著,社会风俗为之丕变。光武帝登基之后,尊崇节义,举用经明行修之儒,继续改革风俗,士大夫多有气象。东汉末年,宦官外戚篡政,党锢之祸叠起,"然而依仁蹈义,舍命不渝"的特立独行者,在在多有,顾炎武感叹道:"风雨如晦,鸡鸣不已,三代以下,风俗之美,无尚于东京者!"

## 礼乐教化是移风易俗主要方式

治民之道,自古有法治与礼治之争。法治可立竿见影,礼治则见效缓慢,当以何者为优?汉人最初选择法治,法治一度成为主流,地方官员也多有以威猛之政统治民众的,如陈留令刘豫、冠军令驷协等,"以刻薄之姿,临人宰邑,专念掠杀,务为严苦,吏民愁怨"。严酷法治仅能收一时之效,而不能长治久安。正如司马迁所说:"可以行一时之计,而不可长用也。"

孔子说:"安上治民莫善于礼,移风易俗莫善于乐。"主张以礼乐而非法制,作为经邦理民、移易风俗的达道。赞同孔子之说的官员也随处可见,他们身体力行,成效逐渐显现,随着时间的推移,成为朝野的共识。

礼乐是儒家文化的核心。《周易》贲卦的象传曰:"观乎人文,以化成天下。"所谓"人文",是以诗书礼乐教育民众,化成天下。《礼记·乐记》说:"礼节民心,乐和民声,政以行之,刑以防之。礼乐刑政,四达而不悖,则王道备矣。"礼乐是教化万民的灵魂,政是推行礼乐的工具,刑是确保礼乐教化施行的手段。

两汉士大夫尊奉礼乐教化的信念,亲力亲为,移风易俗,最终达到大治的境界的成功范例,两《汉书》中屡见不鲜。

颍川是出名的难治之地，朝廷常常选择优良的官员去做二千石的太守。最初，赵广汉做太守时，痛感"其俗多朋党"，便鼓励民众相互告发。一时之间，局面似乎得以安定。但是，民众彼此结怨，埋下更大的隐患。韩延寿任颍川太守后，决定"教以礼让"，他从郡中长老中选择口碑很好的几十位，设下酒宴，诚意款待，以礼相接，询问当地谣俗与民间疾苦，亲自为他们讲解消除怨恨、彼此和睦亲爱的方法，得到了长老们的认同。韩延寿按照古礼的基本精神，与长老商定婚丧嫁娶的礼仪规范，接着，又命令学校中的学生手持俎豆等礼器，"为吏民行丧嫁娶礼，百姓遵用其教"，数年之后，颍川大治。《汉书》说：韩延寿为官，"上礼义，好古教化"，所到之处，必定聘用贤士，以礼相待，表彰孝悌有行，修治学宫。每年春秋，举行乡射礼，陈设钟鼓管弦，演示揖让升降之礼。民众耳闻目染，浸润日久，风气为之大变。有下属欺骗辜负他，韩延寿不是追究其人，而是痛自刻责："是不是我做得不好，否则他为何会做这等事情！"他的属下听说后，无不惭愧，有人甚至觉得无地自容而自刎。韩延寿身为民众的道德表率，境内大治，"奸人莫敢入界"，堪称以礼乐治民的楷模。

## 士大夫的担当精神与表率作用

民风有正、邪之别，为了社会的健康发展，需要不断扶正祛邪。风气的正与邪，与居于上位者的德性及执政理念直接有关。孔子说："君子之德风，小人之德草。草上之风，必偃。"风吹在草上，草便随着风的方向，或左或右、或前或后地偃仆。君子的德性如何，决定民风的走向。《诗经》中的十五国风，原本是君上用来教化下民的诗，所以《毛诗序》解释"风"字说："上以风化下。"郭店楚简说："禹以人道治其民，桀以人道乱其民。桀不易禹民而后乱之，汤不易桀民而后治之。圣人之治民，民之道也。"大意是说，同样的民众，在禹的管理之下是治民；到了夏桀的手下就成了乱民；到了商汤之下又成了治民。原因何在？在于为政者的有道与无道。

汉代风俗丕变，除了汉武帝、光武帝的努力而外，士大夫敢为天下先，为民众表率，对于转移风俗，具有同等重要的作用。两汉经学勃兴，士子以研读儒家经籍为终身职志，终身寝馈其中，经典精神必然内化于中，成为其文化理念，所以大多有经世致用、担当一代的情怀，一旦入仕，大多能以礼乐化民成俗为己任。

东汉名臣陈寔少年时便"有志好学，坐立诵读"，操行出众，"天下服其德"。其立身行事，正直无私，亮节高风，当时有人感叹说："宁为刑罚所加，不为陈君所短。"宁可接受刑罚的惩处，也不愿被陈氏所指责，其人格魅力于此可见。某年岁荒，有盗贼乘夜色潜入陈寔家里，伏在屋梁上，陈寔发现后，佯作不知，把儿孙们叫过来训诫说：你等若不知努力，将来就会成为梁上君子！盗贼听后连忙下地，磕头求饶。陈寔见他相貌不像恶人，便规劝他"宜深克己反善"。后来听过盗贼陈述，知他家境贫寒，便送给他绢二匹。盗贼非常惭愧，发誓从此好好做人。此事传出后，万民震悚，"自是一县无复盗窃"。范晔赞美陈寔进退之节，必中法度，"据于德故物不犯，安于仁故不离群，行成乎身而道训天下，故凶邪不能以权夺，王公不能以贵骄，所以声教废于上，而风俗清乎下也"。

缪彤少年丧父，兄弟四人原本同财共业。但各有妻室后，诸妇要求分财立户，屡有争斗之言。缪彤深怀愤叹，掩门自挝，说："你修身谨行,学圣人之法,准备整齐天下的风俗,为何连自己的家都不能正!"诸弟与妻听了,惭愧无比,都叩头谢罪,从此敦睦相处。

王丹,西汉末年曾在州郡任职。王莽时,隐居养志,家有千金,但"好施周急"。每年农时,就载着酒肴到田间,慰劳勤快的农民。懒惰者见状,都变得异常勤快。邑中之民相互激励,最后走上共同殷富之道。遇到轻黠游荡的无业者,王丹就晓谕其父兄,让他们加以指责。家有丧事的,都会等待王丹帮助操办,乡邻都习以为常。如此十余年后,"其化大洽,风俗以笃"。

两汉帝王,多能以推行风教自任。但是疆域辽阔,仅凭帝王一人之力,殊难扭转乾坤。汉儒对移风易俗多能自觉担当,这是儒家"修身、齐家、治国、平天下"学说的具体展现。顾炎武总结兴衰存亡,尤其注重对历代风俗的考察。他说,魏晋名士倡导"弃经典而尚老庄,蔑礼法而崇放达",重风流而无视国家安危,其结果是"国亡于上,教沦于下"。顾炎武赞赏宋儒以名节相激励,尤其是王禹偁、范仲淹、欧阳修、唐介诸贤,开启一代风气,士大夫由此"以名节为高,廉耻相尚",所以,靖康之变时,"志士投袂起勤王,临难不屈,在所有之",直到南宋灭亡之时,依然能"忠节相望"。

最近,某地警方下大力扫除民众痛恨已久的黄赌毒窝点,此举与其说是解决治安问题,倒不如说是整肃社会风俗来得更深刻。治安是标,风俗才是本。时下,各地风俗问题不可谓少,风气下滑的趋势堪虞,此事关乎国家命脉,岂可听之任之!风俗美,社会才美;风俗坏,社会必败!这道理再简单不过。因此,今后对于官员的考察,应当将当地的风俗状况作为重要指标,风俗败坏之地的官员一律撤办。我们无法想象,一个风俗颓败的地方,也能称为文明之邦!班固《两都赋》叹曰:"痛乎,风俗之移人也!"贾谊说:"夫移风易俗,使天下回心而乡道,类非俗吏之所能为也。"重拳出击以治乱象之后,应该大力提升地方官员的道德水准,否则上述某地的风俗永远无法彻底扭转。推之于其他省市,道理又何尝不是如此?

# 礼之用,和为贵
## ——文化修身与和谐社会

在许多人心目中,一个国家的所谓"崛起",就是经济力量的飞速发展,文化不过是供人娱乐的手段、生活的调剂品而已。其实文化是一种软实力,不可或缺。如何更好地提升国民素质、树立国家形象,甚至包装本国产品,开拓新的市场,都离不开文化这一利器。

这些年来,政府提出的建国目标,比如中国特色的社会主义、建设和谐社会、和平崛起等,都是相关联的。其中一以贯之的就是中国传统文化。其实,从历史上来看,中国是最有资格讲和谐社会的,因为这正是我们几千年来文化传统的延续。

营造和谐社会,就必须把每一个人都教育成为身心和谐的人。而这一切,都离不开中国传统文化的核心——礼。严格来说,儒家的礼是包括乐在内的,因此我们经常礼乐并提,称为"礼乐文化"。礼乐文化的宗旨,就是要促使人实现自身的"和",以及人与人之间的"和"。大家一定听说过《论语》里面孔子的弟子有子说的一句话:"礼之用,和为贵。"这里的和不是指没有原则的一团和气,而是指和谐。礼的可贵之处就在于,它提供了一种合于道德原则的行为规范,使得不同性格、不同身份的人能够和谐相处。人最大的特点是有喜怒哀乐之情。可是,人的这种性情不会自发地处在"无过无不及"的境地,往往不是太过就是不及,表现为暴怒、狂喜、忧郁、麻木等等。这种状况不仅直接影响到人自身的健康,也会引发社会问题。所以,儒家用"礼"来调节人性,使人们能够把握好度,事事处处都能中节,就是能够理智地管理好自己的情感。这是儒家教育思想的核心所在。《中庸》说的"喜怒哀乐之未发谓之中,发而皆中节谓之和",正是这个意思。所以有子说"和为贵",并且认为它是先王之道中最美的东西。如果人们都能自觉地用礼来约束自己,管好自己的喜怒哀乐,那么他们的行为就一定是和谐的。

儒家非常智慧,为了使道德理念不至于流于空喊,便把它们分解成为许多具体的条目,比如忠、孝、仁、爱、礼、义、廉、耻等,再把它们转化为具体的行为规范,让大家照着做。这样儒家的理想就一步一步地得以实现。例如孝,这是儒家思想中一个非常核心的理念。儒家把它具体化为许多不同层次的行为要求,比如《礼记·曲礼》说的"冬温而夏凊,昏定而晨省",要关心老人的生活起居。再比如《弟子规》里说的"父母教,须敬听。父母责,须顺承。"要恭敬地听从双亲的教诲,这就又高了一个层次。再比如《孟子》里说到有五种不孝行为,"惰其四肢,不顾父母之养,一不孝也;博弈、好饮酒,不顾父母之养,二不孝也;好货财,私妻子,不顾父母之养,三不孝也;从耳目之欲,以为父母戮,四不孝也;好勇斗狠,以危父母,五不孝也。"把自己的行为与孝敬父母处处联系。而《礼记》里面曾子说的"五不孝",则把孝行提高到居处、事君、为官、交友、作战等方面,认为只要让父母蒙羞的行为都是不孝:"居处不庄,非孝也;事君不忠,非孝也;莅官不敬,非孝也;朋友不信,非孝也;战阵无勇,非孝也。五者不遂,灾及于亲。"这就将孝行从单纯的奉养父母提升到道德的层面了,真是非常的高明。其他的礼仪无不是如此。

儒家不光追求人的行为上的"和",更重要的是追求内心的"和"。礼提供了人的行为规范,但它是外在的,并不能解决人的内心世界的问题。如果内心世界能进入至上的境界,言行举止就必然中规中矩,合乎天道。因此儒家主张,解决人心的另一种途径就是施行"乐教",用内容纯正、民众喜闻乐见的乐曲作为教化的工具,来化解民性。比如《诗经》,原本都是有乐谱的,可以诵,也可以唱。《乐记》说:乐,"可以善民心,其感人深"。儒家认为能够打动人心、变化气质的是乐,特指德音雅乐,就是那些节奏和谐、内容健康的乐曲。《乐记》说"乐"能够和人心,这里的"和"还是恰到好处,处处中于节的意思。所以古代一些高士喜欢操琴抚弦,不是为了消磨时光、驱赶无聊,而是为了"化性",用乐来自化。

此外,古人经过长时期的研究和实践,制定了非常详备的礼仪制度。例如从孩子成年开始,每逢人生的关键时刻,都有相应的礼仪来指示人生,所以称为"人生礼仪",包括冠、婚、丧、祭等等。冠礼是孩子到了二十岁时举行的成年仪式,意在教育孩子从此要用成年人的标准要求自己,对家庭和社会负起应有的责任。婚礼的主旨是教育新郎、新娘合二姓之好,共同营造新家庭。丧礼是子女处理亲人遗体的仪式。此外还有相见礼、乡饮酒礼、乡射礼、觐礼、聘礼等等,他们的核心都是要让人与人之间和谐相处,诚信相待。

西方国家靠法律维护社会秩序,靠宗教建立信仰。中国上古时代没有宗教,而土地之辽阔、民族之众多,远非西方社会所能想象，数千年之中，文化得以延绵不绝，主要是依靠道德维系人心。以道德为核心的儒家文化，成为全社会认同的意识形态。以礼修身、以乐修心，以《诗》、《书》为教化工具，成为一种历史传统，所以，自古有"诗礼传家"之说。以修身为基础，提倡慎独，实际上是一种道德自律，意在使社会建立在稳定的基石之上。

实践证明，中国传统文化对于中国的和平崛起有着不可或缺的作用，好好研究，这方面可以大有作为。改革开放以来，我们的经济飞速成长，国力大为增强，但是道德层面却出现滑坡，唯利是图的坏习气在蔓延滋生，失礼失信的现象随处可见。这正是我们多年抛弃礼仪之邦优良传统的必然后果。

第四辑

传统与当代

# 重拾中华之"礼"的当代价值

礼仪是文明民族的重要标志。中国文化中的礼,与修身、齐家密切相关,内涵极其丰富。

东西方文化,是当今世界的两大文明,两者的关键区别究竟何在?梁启超说:"中国重礼治,西方重法治。"将东西文化归结为"礼"与"法"二字。钱穆赞扬此语"深得文化分别之大旨所在"。数十年后,钱穆又说:"要了解中国文化,必须站到更高来看到中国之心,中国的核心思想就是'礼'。"说清楚礼与中国文化的关系,对于当代精神文明建设,具有重要意义。

在中国文化中,礼是理的同义词:"礼者,理也。""礼也者,理之不可易者也。"孔子主张:"道之以德,齐之以礼。"孟子以礼为尽人皆有的四个善端之一,无礼者谓之非人。梁启超、钱穆将中国文化的核心归结为礼治,绝非向壁虚造,而是渊源有自。

在中国人看来,人是按照礼、也就是理性要求来生活的,其他动物则不能。人有文化自觉,不可与鸟兽同群,通过礼自别于禽兽,对于中国人而言,是人生第一要义。礼也是文明与野蛮的区别,这是更高一个层次的区别。孔子作《春秋》,欲为万世龟鉴。春秋乱世,本质上是文明与野蛮的斗争,即"礼"者与"非礼"的斗争。而历史的进步,是在文明战胜野蛮之后。礼是社会一切活动的准则、修身的主要门径。中国文化要求人们努力修为,勉为道德高尚的君子,甚至成圣成贤,其间的取径,则是礼乐人生、外内双修。因此,中国人在童蒙教育阶段即教以礼,不学礼,无以立。从束发开始,每逢人生的转折点,也都会寓教于礼,通过冠礼、婚礼、相见礼、饮酒礼、射礼、丧礼、祭礼等一系列"人生礼仪"进行指导,在总体上维持了全民族的文明水平。

更为重要的是,礼是民族凝聚的核心。中国幅员辽阔,南北四方发展不平衡,各地风俗更是歧异,对政府而言,如果没有统一的行为规范,听之任之、放任自流,不堪想象。经过两千多年的经营,礼超越于方言、风俗之上,彼此说话可以听不懂,年节习俗可以互议,但在礼的层面上却能彼此认同,这是中国特有的文化现象,也是中国在历史长河中始终保持统一趋势的深层原因。

如今,举国上下都在谈东西方文化的交流与汇通,愿望很好,但如果对两大文化没有深入的认识,盲目从事,就是不清醒的,甚至是有害的。

在西方文化中,只有上帝才能拯救人的灵魂。而中国文化是以人为中心的文化,从周公制礼作乐起,民本主义迅速崛起,天意与民意几乎等同,人的自主意识抬头,人性本善,人的灵魂不仅要由自己来管理,而且能管好。礼是把抽象的道德转换到操作层面的不二法门,唯有经由礼,道德才能落实到人的身上,进而推动社会的进步。

在当代中国,传统礼学依然有其生命力。近几十年的社会变革证明,物质与精神,犹如车之两轮,缺一不可,在物质文明发展到一定程度之后,精神层面的需求就会提上议事日程。近年,各地纷纷举办道德大讲堂,反映了社会对道德的呼唤。道德只有体现在人的身上,对人与社会的进步发生作用,道德才是鲜活的、有价值的,礼恰恰是把道德转换为可以操作的规范的完整体系。

今天在社会秩序方面出现的种种乱象,包括某些国民出境旅游的种种不文明现象,归根到底是行为"失范"。

礼仪是文明民族的重要标志。中华五千年文明,创造了独具特色的东方礼仪,甚至远播东亚,推动了朝鲜、日本文明的进程。中国文化中的礼,与修身、齐家密切相关,内涵极其丰富。社会在飞速发展,中华礼仪也定能完成现代转型,再度辉煌。

# 明礼说

礼仪的合理传承,是优良文化的传承,也是凝聚民族向心力的重要途径。

## 礼的源头在哪儿

中国是举世闻名的礼仪之邦。礼的形成,是中国上古历史进步的产物。人们习惯将中国礼的产生追溯到夏代,因为孔子说过周礼因于夏礼、殷礼的话。实际上,夏、殷二代还没有出现严格意义上的礼,只是有了某些相当程式化的仪式。鉴于殷人失德亡国的教训,为了周的长治久安,周公提出了"明德慎罚"的政治纲领,要求周人推行德政。

孔子十分推崇周公确立的政治原则,他把德政归结为一个"仁"字,并解释说,"仁者爱人"。孔子认为,要为政以德,就必须有仁爱之心,而表现在行动上,就必须处处合于"礼"的要求。

孔子死后,他的弟子子思等对"礼"的思想作了深入的阐发。儒家认为,万物皆有道,水有水道,地有地道,马有马道,人有人道。

所谓道,就是万物皆有的与生俱来的自然之性。无论做什么事,都必须尊重万物之道,否则就必定要失败。因此,治理国家应该从人性出发,尊重人的喜怒哀乐之性。

## 如何寓教于礼

我国古代的礼极为丰富,大至国家典制,小至人际交往,无不浸润于礼之中。礼既是儒家的政治理想,也是人民的日常生活规范。经过长期的探索,形成了富有寓意的礼仪体系,以及相互交往时表示尊敬、诚信的谦敬语言和形体动作,并作为中国文化的重要特色影响到朝鲜、日本。由于社会普遍存在这种风气,孩子从小就受到熏陶而习以为常。除国家典制之外,中国古代的礼仪大多是围绕着对人的教育来进行的,所以称为人生礼仪。儒家认为,人生的每一个阶段都需要进行教育,以便能健康发展。儒家的所谓教育,不是空洞的说教,而是寓于各种礼仪之中,即所谓寓教于礼。这些礼仪都经过精心设计,形式生动,往往配有音乐,为人喜闻乐见。民众在参与仪式的过程中,受到潜移默化的影响。总之,中国古礼是一个富有人文精神的体系,最能体现中国传统文化的特色。

进入近代以后,国人因受到外敌的侵侮,国势衰微,因而迁怒于传统文化,对传统文化持简单否定的态度,用一句"吃人的礼教",将礼仪文化一笔抹杀。一个文质彬彬的书生被强盗殴打,怎能归咎于书生读书。如果日后只练勇武之道而不再读书,就更是无理了。

抛弃传统礼仪文化的消极影响,在短时期内还难以觉察,但在经历一个世纪之后,它已经充分显露出来。由于传统的敬语基本消失,社会交际语言已经失范。北京大小商场都贴着"您好、谢谢、请、没关系、再见"等十个字的礼貌用语,似乎是对"礼仪之邦"的嘲笑。国民的言语没有了相沿千年的典雅,没有了应有的诚敬,说话没大没小,不知分寸,已经成为社会的普遍现象。

## 礼在现代社会中的传承

改革开放,外商、游客云集中国,我们的礼仪文化本可以成为展示东方文化特色的强项,可是恰恰相反,各地旅馆、饭店、商场、公园的服务质量问题已经成为痼疾。其实,许多服务员不是不愿意有好的表现,他们实在是不知道该如何表现,礼貌敬客的范型,他们打小就没有见过。

礼的形式已经越来越稀少,礼的深意也就无处可寓。先秦的婚礼郑重而不奢侈,不举乐、不贺庆、不宴请。夫妇行合卺之礼,不过几色普通菜肴。时下城市的婚礼已经基本西化,但求排场盛大,宾朋云集,竞相攀比,以奢侈为荣,教育的内涵已经几乎没有。用中国传统的标准来衡量,今日的婚礼只有"仪",已经没有"礼"可言。

笔者并非提倡恢复古礼,时代发展了,古礼的形式大多已经过时,不可能重现。但是,古礼所蕴涵的礼仪,却往往还有生命力。借鉴古礼的合理内核,在形式上加以创新,就可以使传统的礼仪文化得到合理的传承。对于塑造国家的文化形象,增强民族凝聚力都有重要作用。

# 信仰危机与中国传统文化
## ——答《中国科学报》问

**中国科学报**：对于当前的中国社会，无论是在学术界还是社会舆论中，我们经常会听到一种让人担忧的说法，认为中国处于信仰危机之中，或者说中国信仰缺失，对此，您怎么看？

**彭林**：人们一讲信仰，通常会想到宗教，认为不信教就没有信仰。这是一个很普遍的认识误区。其实每个民族都有自己的信仰，涉及对人生和世界的基本认识。对于中国人而言是将文化作为信仰。

几千年来，中国知识分子在文化上都有自己的目标，最典型的体现在孔子《礼记》的《礼运·大同篇》中，其理想是走向一个天下为公的大同社会。其实，这样的大同社会与西方柏拉图所说的"理想国"在本质上是相通的。

也可以说，信仰是文化中的最高形态。今天中国的信仰危机，或者说信仰缺失，源于中国传统文化的断裂。近一百年来，我们对社会的理想目标和传统文化都非常陌生。现在又因为拜金拜权，整个社会还在思考文化趋势的人，不是越来越多，而是越来越少。

与西方相比较，中国最了不起的地方是不但确定了理想目标，同时又有达到目标的一套理念和路径。中国人很重视的是，若要为理想奋斗，自身应该具备一些素质，要靠有信念的志士仁人去为理想献身。比如，在大同社会里，"人不独亲其亲，不独子其子"，就要培养爱天下人的仁爱之心。仁爱要从"孝"开始，推己及人。我们讲"修身齐家治国平天下"，修身是最基本的，然后一步步扩展开来。

今天中国的现实是，每个人都过于关心自我，丧失了一个共同的大目标，更重要的是，我们不再愿意为共同的目标去付出。

**中国科学报**：您所说的共同目标，尤其是大同社会，更多是知识分子的个人追求，还是中国人都应持有的理念？

**彭林**：当然是所有人都该有的理想。一个思想家提出目标，加以论证，但他不能代替全社会人的思考。因此，社会上要有一批先知先觉者，"以先觉觉后觉"。所以《大学》有云：大学之道，在明明德，在亲民，在止于至善。通过读书明理，先知先觉之后，再去影响大众。

孔子有一段话，说："君子之德风，小人之德草，草上之风必偃。"社会的方向要靠精英领导，老百姓会受其影响。因此，精英要担当更大的社会责任。

经过一代又一代人的努力，社会文明的程度、文化自觉才会一步步提升，才能达到理想的目标。再比如顾炎武讲"天下兴亡，匹夫有责"，知识分子以天下为人生理想，就会注意"慎独"这两个字是分不开的。

**中国科学报**：一开始您就提到，中国的信仰危机源于传统文化断裂。那么这一断裂发生在哪一历史时期？表现在哪些方面？

**彭林**：应当说是从近代以来，整个学术界有个思潮就是反传统，认为我们古代的东西一切皆坏。向西方学习之后，我们否定了之前所讲的共同的社会目标。

戊戌变法的时候，提出向西方学习君主立宪。在当时的背景下，中国知识分子有一个普遍的认识，认为人类文明的坐标是一元的，只有一根轴线，西方人处在这一坐标的高端。我们中国处在它的低端，比人家落后了整整一个历史阶段。所以西方人的今天，就是我们的明天，因此要全盘西化。而到了新中国成立后的二十世纪五十年代，我们又开始全盘苏化。

如此一来，我们自己的传统文化，丧失了安身立命之所。或者说处于主流地位的知识分子已将中国传统文化抛诸脑后。

戊戌变法失败之后，梁启超曾痛定思痛。第一次世界大战之后，他去欧洲考察，并写下《欧游心影录》，从书中可以看到，他已认识到中国需要找回自己的文化，并且东西方文化并行不悖，各有优势，要互相学习，互相尊重，甚至说要联姻。但是，全盘西化的影响实在太大，成为学术界主流。实际上我们从近代以来所做的，是把中国文化之"魂"从中国之"魄"中赶走，而把西方文化之"魂"安进中国之"魄"。

**中国科学报**：从较为微观的层面来看，有人认为中国人信仰缺失，是因为缺少"敬畏感"。中国传统文化中有无"敬畏感"的体现？中国作为礼仪之邦，其核心理念是什么？

**彭林**：古人对大自然怀有敬畏之心，最初可能是出于对无坚不摧的自然力的慑服，继而是对天地生养万物的感恩。后来，儒家开始探索大自然背后的宇宙精神，例如，天地至公无私，"天无私覆，地无私载，日月无私照"；天体刚健，自强不息；天地至诚，真实不欺；天地有序，阴阳和谐等等。感觉到自然的伟大与可敬，把它当做终身学习的榜样,希冀变成自身的美德,敬畏之心由此而生。

中国为何叫做"礼仪之邦"?说一千道一万,"礼"所体现的是互相尊重,继而期待你用同样的态度来与我相处,这样来表达人与人之间的和谐,推及开来就是整个社会的和谐。

最近几十年来,我们也提出了很多好的口号,但都落实不了,为什么?因为只是提出美好的目标,没有给出达到这个目标的步骤和途径。中国的传统中,"礼"是治身的,"乐"是陶冶心性的,使你内外兼修,身心和谐。只有每个人的身心都是和谐的,整个社会才是和谐的。

**中国科学报**:也有人说,中国人今天并非没有信仰,只不过信仰的对象可能是金钱或者权力。如此一来,今天推行"礼乐"是否将面临很大的困难?

**彭林**:这要求真正的社会精英,一定要有信念。所谓信仰,一是要信,二是要仰视,要知道"得道多助,失道寡助",维系社会的进步,不可能不依靠道德力量。拜金和拜权,可能得逞于一时,但最终是死胡同。不少争论,归根到底是人生观与价值观的问题,一个人是从世界上攫取得越多越有价值,还是给予这个社会越多越有价值?这需要人们透彻地思考。

再者,中国自古以道德立国,治国方针是"德为主,刑为辅"。而西方的法治观念,根源于基督教的宗教体系。最近牛津大学一位教授跟我说,时下欧洲的年轻人信仰宗教的人数比例严重下降,并且随之产生了对法律的怀疑。如此一来,欧洲文化向何处去,便成为了问题。他感慨,中国人似乎早就预见到会出现这样的局面,所以为人类创立了一个靠道德引领社会的范式。

中国传统文化认为,人是万物的灵长,通过道德教育可以成长为君子,甚至成圣成贤。古代把道德分解为孝、悌、忠、信、礼、义、廉、耻等等的德目,然后把它们具象化,变为可操作的行为规范,这就是礼。

礼是按照道德理性要求制定出来的规矩,以及政府和社会各个层面的制度,叫做"礼制"。每天按照礼的要求来做,你的内在德行就会不断累积和升华。

**中国科学报**:解决文化上的信仰危机,可行的道路是什么?

**彭林**:人类文明是多元的。在未来的世纪里,中国民族要想对人类作出更大的贡献,就应该提出一种不同于西方,但更具有普世价值的社会发展模式,而不是总在否定自己,照搬别人的东西。走出一条与五千年中华传统文化血脉相连的道路,这就是我们的历史使命。

# 中华礼仪与现代社会

## 中华礼仪的人文精神

中华礼仪有着深刻的文化内涵,礼乐文化在我国传统文化中占有重要的地位。

二十世纪六十年代,史学界的泰斗钱穆先生会见美国学者邓尔麟时谈了自己对中国传统文化的见解。大家知道,中国传统文化博大精深,可是,它的"核"在哪里?在这样一个博大的体系中,起着最深层的影响的东西是什么?钱先生说只有一个字,就是"礼"。他说,礼是中国传统文化的核心,从一个家庭到整个国家,我们所有的行为准则都是由"礼"来笼罩的。不管你的风俗有多么不同、方言有多大的差别,但是在"礼"这个层面上都是认同的。

西方人是以宗教和法律来管理社会的。在西方文化中,人性是恶的,人只有不断地向上帝祈祷、忏悔,才能避免成为恶魔。中国文化不然。中国文化不是宗教文化,在这个文化里,人性是善的,人的灵魂是要靠自己来管的。怎么管?用道德来管,全社会所有的人的行为,都要以道德为准则。但是,道德是抽象的,看不见、摸不着,那怎么办?于是,古人把道德分解成若干个德目,并且把它转化成一个可以操作的体系,它表现为一系列符合道德理性要求的规范,它们统称为礼。

中国古代的礼仪以修身进德为基础,《礼记》说,"行修言道,礼之质也";又说,"德辉动于内","理发诸外",只有你内心树立了"德"的地位,并且让它时时"辉动",就是放着光辉,那么合于道德理性的礼就会自然地散发出来。古人强调礼要与树立德性结合起来,如果离开了内在的德性,行为即使中规中矩,也不能叫礼,而只能叫"仪",那是徒具形式的虚礼。

古人把礼作为教育方式,人的一生通过参加冠、婚、乡、射、丧、祭等礼仪,来接受道德伦理的教育,所以有"人生礼仪"的说法。那么,如此纷繁的礼仪,是否有一以贯之的原则呢?当然有,它就是"敬"。所有的礼仪,尽管形式不尽相同,但都是为了表达内心的敬意。《礼记》的第一篇是《曲礼》,《曲礼》开头就说"毋不敬",这句话很要紧。由这个"敬"字,可以衍生出很多东西。我们心里如果都有一个大写的"敬"字,凡事就会想到尊重他人,多为对方考虑。这种尊重不是狭隘的,而应该体现人类的普遍之爱。我们现在总是要求人们不要这样、不要那样,习惯于在行为上作硬性规定,而没有想到怎样让人们在内心把"敬"树立起来,所以效果很差。

礼对人性有着约束作用。人有喜怒哀乐之情,这是不学而有,不教而能的。我们每天都生活在喜怒哀乐当中,我们的言行时时被情感所左右。但是,人们往往不能理性地把握自己的情感,从而使自己的言行进退失据,甚至失去理智,做出蠢事。有媒体报道,全国的恶性案件中有三分之二都是激情犯罪,即由情绪失控而导

中华礼仪与现代社会　119

致杀人越货。那么,怎样控制自己的情感呢?礼就是一把标尺。《礼记》说:"发乎情,止乎礼。"人的情感一旦发出,一定要用理性把握,使之合于礼义。

礼是我们中华民族的一种思维方式,一种行为准则,包含着丰富的人文精神。

## 中华礼仪的当前价值

中华礼仪是农业文明的产物。在两千多年的中国历史中,礼乐文化发挥了重要的作用。但随着我国经济建设的飞速发展,在我们的现实生活中,传统礼仪文明的地位却逐渐下降甚至遭到某些忽视和否定,那么,在现代社会,中华礼仪还有没有存在的价值?如果有的话,它又有什么作用?

改革开放后,我国的经济取得了举世瞩目的成就,不断发展先进生产力,无疑是今后需要继续努力的方向。但是,人们不无遗憾地看到,当年西方"后现代工业国家"所遇到的困惑,正在中国重现。人们更多地关注个人的钱财和前途,精神世界正在被越来越多的物质欲望所挤占,对社会和他人缺乏温情和信任,表现出更多的冷漠。事实证明,我们所遇到的许多问题都出在道德上。越来越多的人意识到,社会的发展,需要道德的引领。法律是维持社会秩序的底线,而不是做人的标准。不能说不犯法就是好公民,真正的好公民必须要有道德情操和人生境界。而两千多年来,中华礼仪所追求的,正是这一点。我们今天所最需要的,正是我们昨天亲手抛弃的。

道德和人格的培养,是儒家最为关注的问题。人是社会性的人，离开了社会，任何人都无法生存。因此，人必须学会与其他社会成员相处。人与人，社群与社群，国家与国家相处，可以是和平的，也可以是非和平的，它取决于人的道德的高下。儒家认为，在融入社会之前，人首先应该从道德上端正自己，这就需要修身。《大学》说："自天子以至于庶人，壹是皆以修身为本。"

西方靠法律维护社会秩序，靠宗教建立信仰。中国上古时代没有宗教，而且土地之辽阔、民族之众多，远非西方社会所能想象，而数千年之中，文化绵延不绝，主要是依靠道德维系人心。礼乐文化的宗旨，并非培养熟悉揖让周旋的人，而是强调德行修养，造就内圣外王的君子。因此，修身要从端正内心开始。《中庸》篇提出了"慎独"的要求，它实际上是一种道德自律，只有人人懂得慎独，社会才能站立在稳定的基石之上。以前，大庆油田工人提出的"白天和晚上一个样，领导在场与不在场一个样"的口号，实际上就是慎独的精神。大庆人发扬了这种传统，所以尽管生产条件非常之艰苦，但工作做得非常出色。今天，我们的经济要想取得更大的发展，依然需要对国民进行慎独的教育。

礼乐文化有助于培养良好的竞争心态。人们普遍存在一种误解，认为儒家思想比较保守，而当前的竞争如此激烈，它不能适应时代的需要。当前许多人所理解的或者说所进行的竞争，大多是在"力"与"智"的层面展开的。在这种竞争过程中，"德"是被排除在外的，因而往往显得非常残酷，这不是一种健康的竞争。在改造社会的过程中，会遇到种种挫折，甚至牺牲，如果没有良好的心态，就无法应对复杂的局面。因此，一方面要有积极的进取心，孔子就十分喜爱《易经》中"天行健，君子以自强不息"，"地势坤，君子以厚德载物"的话；二是要培养良好的竞争心态，竞争必须依靠自身实力,而且应该是良性的竞争,即"君子之争"。

礼乐文化引导人们修身养性的论述,对于补救工业文明物质享受之上的缺陷,有着十分重要的意义。目前的许多社会弊端,只有一手治本(树立人的内在德性),一手治标(用法来惩处各种违法行为),才能更好地解决问题,构建和谐社会。中华礼仪文明应该得到关注和重建。

## 当前礼仪教育之问题

现在有关部门正在下大力气开展文明礼仪的教育,已经取得了一定的成效,但有些问题也应引起我们的注意。

首先,中华礼仪应当取得其应有的地位。大家知道,礼仪是任何一个文明民族的文化当中不可或缺的部分。我们与某个民族打交道,最先接触到的,就是服饰和礼仪。服饰和礼仪是民族文化的重要表征。我们一提起阿拉伯人、非洲人、东南亚人、欧洲人,除了肤色之外,第一反应就是他们的服饰和待人接物的礼节。礼节是民族成员互相认同的重要标志,什么民族行什么礼仪,这是不能错乱的,因为礼仪具有鲜明的民族性。

但是,西方礼仪正在大张旗鼓地侵入中华礼仪。我们看到人们越来越多地关注西方礼仪的东西,比如与西方人交谈时的"八不问"是什么?西餐的餐具有哪些,应该注意哪些使用方法?喝汤的礼仪是什么?吃面包的礼仪是什么?吃蔬菜和沙拉有哪些礼仪等等。

民族与民族、国家与国家,彼此的风俗、礼仪大相径庭,彼此交往时用谁的礼节呢？这里有一条原则，那就是客人一方必须尊重主人一方的礼仪。古人说"入境问俗"、"入乡随俗"，就是这个意思。进入对方的辖地，首先要询问对方的礼俗，这是为客之道。今天，我们出国之前要了解到达国的习俗，也是这个道理。外国友人来中国之前，同样要学习和了解中国人的礼俗，并且要尊重中国人的生活方式和理念，避免做出伤害主人情感的事来。

"只有民族的，才是世界的"，才能给人以难以磨灭的印象。英国的经济很发达，但政府迎接国宾依然用十八世纪的皇室马车，迎宾乐队的主要乐器是苏格兰风笛，他们以此来展示英国的历史与文化。每届奥运会在雅典点燃圣火，依旧沿用两千多年前的仪式，连点火少女的服装都是当初的样式，从而让人们在品味的过程中，铭记古希腊的文明。我们是举世闻名的礼仪之邦，中华礼仪是全世界最为系统、最为成熟的，我们理应正本清源，重建富有中华民族特色的礼仪。

其次，礼仪教育的兴奋点不应只集中在操作层面。中华礼仪最显著的特点是讲究内外兼修，不仅要求言谈举止上温文尔雅，循规蹈矩，而且内心要有鲜明的德性。而时下的礼仪教育有时太过注重形式，忽视了行为主体的内在道德问题，把礼表面化、工具化了。比如教握手，要求大臂与小臂成一定的角度；两手相握，只能停留3秒钟，否则就是失礼。又如，微笑必须露出8颗牙齿，否则就不合格如此等等。这种礼仪教育，不问内心如何，但求形式合格，是十足的虚礼，没有意义。

我国传统的礼学把礼分为礼法与礼义。礼法，指的是怎么做，即礼的形式。礼义，指的是为什么要这样做，即礼的内涵，二者缺一不可。只有礼义而没有礼法，就是只有内容而没有形式，再好的礼义也无从体现；只有礼法而没有礼义，礼法就成了一个没有灵魂的空壳。德是礼的源泉和动力，推行礼仪教育，最根本的是要提升人的素质，让礼成为千百万人的自觉行为，千万不能舍本逐末。

## 重建中华礼仪

礼仪不仅是一个理论层面的问题，还有一个实践层面的问题，就目前的社会现状而言，后者更为迫切。礼是要体现在行为上的，只有人人践行礼，才能移风易俗，提升社会文明。

近几十年来，尽管有关部门不断提出建设精神文明的要求，但效果并不理想，我认为重要原因之一，是没有建立具体的、可以操作的规范，而往往流于空泛的口号，例如"五讲四美"中的"讲礼貌"，具体有哪些要求？无从得知，因而流于空洞，既无法落到实处，也无法检查。

我国历代儒者都十分重视礼的制作和推行。北宋司马光的《书仪》，以及陕西蓝田吕氏的《乡约》，都是规范一族或一乡之人的礼仪制度。南宋时出现的《家礼》（习称《朱子家礼》），将《仪礼》的繁琐仪节简化为冠、婚、丧、祭四礼，在民间流传很广。实践证明，只要按照礼仪规范去做，就可以逐步改变人的行为方式和生活习惯，你做得越多，就改变得越多，长期坚持，真积力久，就能达到化性成俗的效果。

我国历来用礼仪规范来指导人们的社会生活，但是近几十年来，我们的社会一直缺少一整套公民的礼仪规范，这是很不正常的现象。建设中华民族的礼仪规范，已经到了刻不容缓的地步了。

国民礼仪的制定,应该尽可能体现本民族特色,必须要与传统接轨。但是,我们并不是要拘泥于古代的礼仪。时代在不断发展变化,人们的生活方式也会随之改变,例如先秦都是跪坐,礼仪中的许多动作与此有关,但魏晋以后就流行坐椅子了,要像原来那样行跪拜礼不太方便,因此不少仪式要跟着变化。又如,先秦用的礼器都是钟鼎簠簋之类的青铜器,秦汉以后,随着青铜时代的结束,这些礼器也几乎见不到了,宫室、服饰的样式也不断翻新,所以也要有所变化。礼是要与时俱变的,宋朝的礼不同于汉朝,明朝的礼又跟宋朝不尽相同,这是很正常的现象。《礼记》中多次谈到"礼,时为大"的道理,不要求后人拘泥古代的仪式,而应该与时俱变,今天的礼也应该在继承传统的基础上有所创新。需要说明的是,这种变化,主要是指礼的形式,至于它的合理内核,即道德理性、人与人彼此尊重,则是始终被承传的。因此,我们在制订当代礼仪规范时,一定要很好地把握中华礼仪的人文内涵。

古礼的形式大多已经过时,不可能重现。但是,古礼所蕴涵的礼义还有生命力。借鉴古礼的合理内核,在形式上加以创新,就可以使传统的礼仪文化得到合理的传承。天安门升旗礼,以礼、乐结合的形式创造了一种新型的礼仪,受到广泛的欢迎。类似的工作还有很多,需要统筹安排,逐步完成。这些仪式对于塑造国家的文化形象,增强民族凝聚力都有重要作用。

重建中华礼仪,弘扬传统文化是一项艰巨的任务,我们正处在一个伟大的变革时代,中华礼仪应对引领社会走向进步及民族的振兴发挥出更大的作用。

# 中华礼仪文明期待振兴

## 礼是中国文化的核心

中华是礼仪之邦,中华文化是礼乐文化,这曾经作为一种常识,印入每一位华人的心田。

中国古代礼学有三部经典:《周礼》《仪礼》和《礼记》,合称"三礼",它们是中华礼乐文化的理论形态,研究礼学不能不从这里起步。

《周礼》是一部通过官制来表达治国方案的著作。它既有丰富的治国理念,也不乏周密的管理措施,历代学者每每用"体大思精"四个字来评价它。这是一个博大的世界。《仪礼》是以人生礼仪为主的先秦仪轨的集锦,一共有十七篇。所谓人生礼仪,是指从成年、结婚,一直到丧葬、祭祀的许多礼仪。除此之外,还有某些国与国之间的外交礼仪以及一些乡间或宫廷的礼仪。人的一生涵泳在礼乐之中,揖让周旋,诗歌唱和,变化气质,涵养德性,其乐融融。这是一个典雅的世界。《礼记》是孔门七十子探讨礼学思想的文集,一共有四十九篇。书中既有对礼义的阐发,又有对礼节的点评;既有对人生的感悟,又有对道的体味。说理雄辩,论道精微,而且多睿语与警句,美不胜收。书中有许多流传千古的典故,抚今追昔,令人遐思万端。这是一个深邃的世界。

"三礼"之学,历来以繁难著称,但是"三礼"的妙旨奥蕴、儒家的高超智慧若不能成为大众的财富,则会是全社会的莫大损失。在长久的疏离之后,礼乐文化正在淡出人们的记忆,虽然耳熟能详,却是依稀仿佛,不知所云。礼乐文化是怎么来的?它的学理又是怎样的?礼乐文化对于人的成长能有什么裨益?它与现代社会能否兼容?这些重要的问题,似乎很少有人理会。

中华礼仪文明需要振兴,因为它既是我们的文化传统,也是我们未来的文明标志。中华民族的崛起,是中华硬实力和软实力的同时崛起,也是中华礼乐文明的伟大复兴。而每一位有志于修身进德、勉为君子的公民,尤其是青年朋友,都可以从礼乐文化中得到智慧和启迪。

我们现在一谈起礼大家就会想到握手啊、鞠躬啊、穿西装打领带,迎来送往,如果说西方的礼是这样,还说得过去,中国的礼绝对不是这样的肤浅。中国的礼有着深刻的内涵,博大的体系,要表达的是一种人文精神,离开了这些东西我们来行礼毫无意义。中国的礼和尊重人、做人是紧密联系在一起的。

文化无处不在,我们每天要接受东方文化西方文化,我们要有文化选择。东西方文化应有一个平等对话、平等竞争的机会。大家可能问,西方文化跟东方文化有什么不同?简单说,西方文化是宗教文化。中国的传统文化有根本的不同,武王克商以后周公制礼作乐,所以中国在殷周之际走向了一个"民本主义"的时代,所以中国相信天地之间有正义、正气,有公理,人有良知,人性本善,这是我们中国和西方文化很大的区别。我们的灵魂是靠自己管的,问题是你管不管。我们中国人读书是要树立做人的根基,我们作为一个人要用道德作为安身立命的一个依据,所以中国是个崇尚道德的国家。我们历来相信得道多助,失道寡助,有德才能得人心,得人心才能得天下,失人心一定会失天下。

儒家把道德理性的要求转换成了可以操作的体系。你是有道德的人吗?我到你家一坐就能看出,因为一个有德的人一定是孝敬父母的人,一定是和他的姊妹友善相处的人;在学校里,有德的人一定是尊师的,一定是和同学友爱的。而且孝顺父母都是看得出来的,古代从早上到晚上每个细节都要体现对父母的孝顺,吃饭坐下,这边是你的爸爸妈妈,这边是你的孩子,有一碟好菜,你先给谁吃?有德人先给爸爸妈妈。每一个地方,你照道德理性在做,道德理性就在累积,你的人格就得到升华。我们这一系列的规范,大到国家制度,小到人际交往,再到个人修身,哪一项都离不开,这样的规矩我们叫礼。

所以礼是中国文化的核心,这句话可能很多人一下子接受不了,其实你去看看《二十四史》,《史记》中的《礼书》、《乐书》,《新唐书》里有欧阳修写的一大段话,谈中国文化是什么?他说就是礼。到近代,梁启超,钱穆,都这么说,中国文化说到根上就是礼,礼标志着中国文化的特殊性,是道德理性的体现。

礼,说得直白一点,就是让你有个人样。有西方学者说,全部的哲学问题可以归结为一个问题,那就是:人是什么?人类的进化是一个复杂而缓慢的过程。人是动物进化而来的,因此人身上不可避免地带有动物性,包括生理和心理的。人一旦走出动物界,就不能再与禽兽为伍。但是,尽管人类在物质生活的水平上远远超越了所有的动物,只要人类的理性没有被唤醒,就不能说人类真正脱离了动物界。人与动物的本质区别仅仅在于,人有理性而动物没有。体质的进化不能代替理性的成长,物质的进步不等于精神的富足。只有坚持不懈地跟自己身上的动物性作斗争,才能远离野蛮,走向文明。

## 礼仪缺失影响国民形象

中国是礼仪之邦。遗憾得很,近代以来,由于众所周知的原因,我们对传统文化采取了极端偏激的态度,把它当作沉重的历史包袱,总是想丢掉它,甚至不惜对它进行扫荡和摧残。一百多年来,作为中国传统文化核心的礼,更是屡屡受到抨击,被指责为"吃人的礼教",是"资产阶级温情脉脉的面纱",甚至将礼与奴隶制画等号。人们曾经用非常幼稚甚至是无知的眼光来看待礼。

比如说,人和人见面,为什么要行礼?为什么要鞠躬?鞠躬不就是卑躬屈膝吗?"文革"中,"大老粗"是褒义词,是光荣的。举止粗鲁,说粗话,成了无产阶级的"本色",是引以自豪的表现。久而久之,礼就日益远离了我们。殊不知,大凡文明一点的国家都是有礼仪规范的,没有礼的社会是失范的社会,是有问题的社会。很多同学从小就在这样的环境中长大,所以也不觉得什么。其实,问题已经严重到令人焦虑的程度了。

我们先来看国内。礼的作用之一是维护和谐的社会秩序。而要和谐,就必须处理好人与人的各种关系。知书达礼的人,懂得尊重他人,懂得谦让,先人后己,处处把对方放在优先的位置。我们平时经常说的"礼让",就是这个意思。

我们许多人恰恰不懂这一点,处处与人争抢。不守秩序已经成为最普遍的社会现象。等候汽车,即使只有两个人,也不肯排队。公共汽车一来便往上挤,一步也不肯让。现在很多城市的马路越修越宽,可是堵车也越来越严重,主要的原因之一,是驾车者不懂得礼让,超车、加塞是司空见惯的现象。有一次,我在北京坐朋友的车外出,车快到西苑附近的一个三岔路口时,突然走不动了。下车一看,原来是许多车挤成一团了,彼此犬牙交错,谁也不肯让,结果谁也走不了。这种人为的混乱,我想大家都见过。

外国朋友到中国,最反感的现象恐怕是随地吐痰。我们学校新闻传播学院有一位在国外生活了十几年的老师,她说回国以后,最看不惯的是随地吐痰。她住在学校北门附近,每天骑车到办公室去,距离不远,几分钟就到了,可是就这么短的路程,几乎每天都可以看到至少十个人随地吐痰。她的话一点也不夸张。我们甚至在公共汽车里,都可以看到有人往车厢里吐痰。有外国人称中国是吐痰的王国,真是令我们汗颜!一个"非典",我们民族付出了多大的代价,可是居然连一个随地吐痰的毛病都没改掉,真是悲哀。在社区,许多居民不重视他人的感受,乱丢垃圾、践踏草坪、蹲踩公共座椅,大声喧闹,不尊重他人的休息权利。

礼是要讲尊重的,如今有的孩子在家不懂得尊重父母,在学校不懂得尊重老师。尊重是通过礼仪来表达的,在大学校园里,有师生礼仪吗?没有。学生给老师起绰号,恐怕大家都已经见怪不怪了。有些学生上课迟到了,旁若无人地、大摇大摆地走进来。有的穿着皮鞋,也不知道放轻脚步,咯噔咯噔地走进教室,影响了正常的教学秩序。有的听课时打手机、嚼口香糖。回答老师提问时,有些人都不愿起立。一个普遍缺乏尊重的社会,能说是和谐社会吗?

一些公众人物的素养也比较差,只是,大家已经司空见惯,不觉得这是很失礼的行为。但是你到同属于汉文化圈的日本和韩国看一看,日本、韩国教孩子学礼仪,都是从敬语开始的。他们的敬语,都是受古代中国的影响才出现的,可是我们自己的语言中却几乎没有了。彼此的称谓,除了喊了几十年的老张、小李、师傅,再就是这些年兴起来的先生、小姐,而这些称谓的含义已经非常混乱。

由于缺乏礼仪规范,国民在海外的形象已经出现危机,类似的报道,我们屡屡见于媒体。例如,国内一个团到法国参观圣母玛丽亚教堂,他们在里面大声嚷嚷,不守规矩,一副没有教养的样子,结果被管理人员勒令退出,不许参观。又如,大陆到香港旅游的人日益增多,但给港人的印象也不是太好。我在香港的电视节目里看到这样的镜头:有一排人坐在维多利亚湾的围堤上,每个人都把鞋脱了,让脚在风里吹,过往的港人人人侧目。国民我行我素惯了,认为这是自己的自由,你管得着吗?他们都不愿意考虑别人的感受。这些都不是个案,已经严重影响了我们的民族形象。问海外人对中国人的印象,答案常常就是"粗俗,没有礼貌,没有教养"。我们五千年文明就是这样?这些人在国外的表现如此,在国内的行为如何就可想而知了。那么我们要问,他们为什么会这样?答案只有一个,那就是他们从小没有,或者说从来没有受过礼仪教育。

行为失范和道德水准下降,已经成为新的社会病。了解一个民族,最好的方法莫过于了解他的精神世界。大家想想,如果这些现象得不到纠正,国家的形象被毁掉了,那么,这个损失比什么都严重。

## 礼仪教育全盘西化令人忧

现在拿西方人的标准作为我们的标准,在我们的生活中随处可见。比如过生日唱外国歌,不这样就不叫过生日了;狂热地过着一个又一个洋节……现在已经到了必须提醒的时候了,西方的礼仪已经渗透到我们的方方面面。

有人还到处推介西方的商务礼仪,不少宾馆、公司、机关非常欢迎这类礼仪,并且积极地加以推动。我看了一些礼仪教材,礼仪教育全盘西化,书店里的礼仪教育的书籍几乎都是西方礼仪。任何一个进入到文明时代的民族,都有自己的礼仪,只有野蛮民族没有礼仪。我们是不是没有礼仪?我们是举世闻名的礼仪之邦啊,我们为什么要把它丢掉?老有些人利用一些机会把礼仪当商机,把西方商务礼仪当成我们国家的礼仪来推行,包括一些地方政府编的、教育部门编的,甚至是礼仪学校编的书籍,大同小异,几乎都是西方商务礼仪的翻版。比如怎么穿西装,怎么打领带,怎么化妆,哪只手拿刀,哪只手拿叉等等,几乎没有中国人的东西在里面。如果长此以往,中华礼仪与西方礼仪就画上了等号,中国也就成了世界上最大的西方礼仪国度,那可是一个令人无法容忍的,也非常搞笑的问题啊!

中华礼仪是全世界最为系统、最为成熟的。看看今天的韩国和日本的礼仪,就可以了解中华礼仪的大致面貌,因为他们的礼仪几乎都是从中国传过去的。只是在最近的一百多年中,中华礼仪才出现了不断衰落的局面。

有人说,外国宾客来到中国,为了表示对客人的尊重,所以我们必须学习西方礼仪。这是一种似是而非的错误逻辑。自古以来不同的礼仪要互相尊重的,民族与民族、国家与国家交往时用怎样的礼节,是有一个原则的,那就是客人一方必须尊重主人一方的礼仪。我国古代就有"入境问俗"的规定,"入境问俗"的原则,是当今世界遵循的原则。世界上又有哪个民族是没有自己的礼仪的呢?现在有些人不厌其烦地在教大众怎么吃西餐,怎么拿西式餐具,并且美其名曰:学会款待外宾。这种理由是似是而非的。这等于是向全世界宣示,我们中华民族不需要别人尊重,我们出国用外国礼仪,外国人来中国也用外国礼仪!外国人到中国来就应该入乡随俗,使用筷子。大家想想,我们到外国人家里去做客,他们不都是让我们用刀叉的吗?

周恩来生前出访的国家非常多,但从来不会要求对方为自己改变生活方式。如果对方吃饭是用手抓的,那么他也一定和主人一样用手抓饭吃。记得我看过一个电影剧本叫《白求恩大夫》,里面有这样一个场面:过年了,白求恩在百姓家里吃饺子,他笨拙地用筷子夹饺子,可是怎么也夹不到嘴里。他看到主人家的小姑娘灵巧地夹起了饺子,惊讶地竖起大拇指,连声说:"天才的外科医生!"白求恩是外国人,但他并没有要求主人为他准备刀叉,这是他尊重中国人的地方;主人也没有因为他是外国人,而为他准备刀叉,因为客随主便,这是尽人皆知的待客之道。

外国人来中国,是体验中国文化的绝好机会,无论是进餐还是娱乐,他们都会希望用纯粹的中国方式的。其实,我们出国何尝不是如此?如果我们前往的国家,风土人情都和我们一样,那谁还有兴趣去?以我之见,外国宾客不管来自哪一国,统统请他们吃饺子,而且一律使用筷子就是了,根本用不着准备刀叉,但是外宾一定会高兴。

媒体上关于国民礼仪教育的报道越来越多,热点之一是外国人教中国人礼仪,有一则消息说,有德国人教某地的中国人如何文明如厕。听起来真是惭愧,我们的国民怎么连这种知识都要外国人来教!难道我们自己没有进行这种教育的能力?还有一则消息说,有一位从英国归来的中国人,开了一个礼仪培训班,教中国人学习英国礼仪,目标是要达到能与英国女王一起进餐的水准,收费标准是每人九百美元。如果办班人是出于商业目的而这样做,那无可厚非;但如果是出于改变中国人的文明传统而这样做,那就有点匪夷所思了。礼仪教育,为什么我们一定要取法于某个西方国家?以文明古国自居的中国到处流行欧美礼仪,那将是非常丢人的一幕!那将成为旷世笑料、千古奇谈!

## 礼仪要从小学生教育抓起

我们究竟为什么要推行礼仪教育?在我们看来,礼仪教育是文明社会不可或缺的部分。衡量一个国家、一个民族的发达程度,并非只是看科学技术和物质生活的水准,看 GDP 的高低。那只是一个方面的指标,还有另一个重要指标,就是人们的精神生活层面的状况,包括受教育的程度、道德文明水准、人文关怀的有无等等,其中不可或缺的具体指标之一,是礼仪文化。

物质文明发达,而精神文明低下的社会,是残缺的社会,文明发展不完整的社会。礼仪是进入文明阶段的人才有的行为准则,它展示的是处理人际关系的方式和深层理念。没有礼仪文化的社会,不可能是和谐社会;不懂得礼仪文明的人,不是严格意义上的文明人。

由于历史的原因,有人曾经刻薄地咒骂我们千年积淀而成的礼仪文化,认为它是虚伪的形式主义,无补于我们的社会进步,因而几乎将它抛弃殆尽。现在我们终于尝到了失去了它的苦头,道德文明的滑坡和社会生活的无序,严重损害了国民的形象,也影响了社会的和谐发展。

今天,我们理应正本清源,重建富有中华民族特色的礼仪,这才是正确的举措。中国传统文化的核心是礼仪,因此,弘扬传统文化就不言自明地要回归到我们的礼仪传统。

这首先要从普及中小学生礼仪教育抓起。礼仪教育必须要进主流教育体制的课堂,教育部门应该充分认识到这个事情的必要性和重要性,从幼儿园、从小学生开始,礼仪应该成为必修课,这是提升国民素质的需要,也是非常紧迫的事。其次,就是礼仪教育要进社区。我曾经到北京某区的社区学院做过一次讲座,给我的一个启示是,应该发挥社区的作用。社区搞好了,传统礼仪才能走进家庭,才能扩展到更大的范围。

古代有专门的礼仪教科书,比如《礼记》中的《内则》等篇。现在有必要编制现代版的礼仪教科书。现有的礼仪教材,总体上都不太理想。一定要有一个统编教材,要有一个体现民族特色的教材。别让孩子什么都学西方人,我们自己不是什么都没有。礼仪教育要和孩子的修身、学做人结合起来。南宋的时候,社会非常腐败和混乱,当时朱熹就提出来,要根本改变这个社会,就要从孩子教育抓起。所以,朱熹编了一些给孩子读的教材。他认为对于孩子来说,要紧的是做,而不是给他讲多少大道理,那些道理他长大之后自然就会明白。先要教他孝顺父母,然后再推及到所有的长辈。在公共场所应该怎样?在家里应该怎样?要让他天天去做,形成习惯,好像天生就会的一样。如果家家孩子都这样,社会风气就悄然转变了。古代的礼,有些已经不合时宜,要弃之;但合理的部分一定要弘扬。我一贯强调,礼是要与时俱变的,应该在继承传统的基础上有所创新。推动这样一项工程,需要政府部门的支持。可以说,我们正处在一个伟大的变革时代,人文科学理应引领社会走向进步,为民族的振兴作出贡献。

第五辑

中国与世界

# 人格与国性

经典是民族文化的最高形态，认识一个民族，最好的办法莫过于读它的经典。要了解欧洲文化，就不能不读《圣经》；要了解伊斯兰文化，就不能不读《古兰经》；要了解中国文化，就不能不读《论语》《孟子》。经典之所以具有永恒的魅力，是因为它关注的是社会最本质、最深层的话题，即价值体系问题。所以经典的话语历久而弥新，不因时间的流逝而褪色。

二十世纪初，中国经典在一片质疑声中衰微，但也有不少前辈起而捍卫它，有些论述精辟隽永，至今令人回味无穷。1913年，严复在中央教育会作题为《读经当积极提倡》的讲演，提出经典教育的主题是人格与国性的观点：

> 夫读经固非为人之事，其于孔子，更无加损，乃因吾人教育国民不如是，将无人格，转而他求，则亡国性。无人格谓之非人，无国性谓之非中国人。

严复是近代中国最早"开眼看世界"的学者之一，早年就读于福州船政学堂，留学于英国格林尼茨海军大学，曾翻译赫胥黎的

《天演论》等书,对西方文化的认知之深,罕有其匹,有"中国西学第一"之誉。严复历任北洋水师学堂总办、京师大学堂编译局总办、复旦公学校长、安徽高等学堂监督、北京大学校长等教职。对于中国教育向何处去,国民教育如何引导民族自强与自立等涉及办学宗旨的大问题,严复岂能不深思长考。他认为,用经典教育的第一目的是培养人格,对于所有国民而言,做人是第一位的,没有人格就不能算人。严复生活的时代,国运飘摇,山河破碎,要挽回颓势,以培养人才为先,而培养人才,以人格为急。人格如何,关乎国家命运。

严复持论并不孤独,许多知识精英有此共识。1911年,清华学堂改名为清华学校,首任校长为唐国安,他将"人格教育"作为教育的总目标。1913年,周诒春接任校长,他说:"我清华学校历来之宗旨,凡可以造就一完全人格之教育,未尝不悉心尽力","清华学校,素以养成完全人格为宗旨,故对于三育所施教育之功,不遗余力。"1925年,时任清华校长的曹云祥在秋季始业式上说:"所谓教育,是欲养成高尚完全之人格。"在严复此次讲演的次年(1914),梁启超应邀在清华作了题为《君子》的著名讲演,通篇所谈都是人格教育。

近代以来,尊孔与反孔,成了社会争议的焦点。提倡读经,是为了表达尊孔的诉求,还是为了用线装书炫耀于人?严复说都不是,读经不是"为人之事",不是读给别人看的;孔子是举世公认的文化名人,他已经完成了自己对于中国文化的贡献,你读不读经,丝毫影响不了他的历史地位,所以说"其于孔子,更无加损"。那么,为何还要读孔子的经典?严复的理由是:"吾人教育国民不如是,将无人格。"

孔子生于春秋乱世，但依然怀抱着实现"天下为公"的大同世界的理念，为此而删述《诗》、《书》、《礼》、《乐》、《易》、《春秋》六经，教育人们按照道德理性的要求修身、齐家、治国、平天下。核心是修身，是包括天子在内的所有人的人生必修课，这就是《大学》所说："自天子以至于庶人，壹是皆以修身为本。"

孔子之后，孟子发挥孔子的人格学说，把"仁、义、礼、智"等四种善端作为人之所以为人的标准。后世的学者，不断丰富与完善关于人格的内涵，如韩愈解释仁义道德说："博爱之谓仁，行而宜之之谓义，由是而之焉之谓道，足乎己无待于外之谓德。"可以说，《四书》论述的核心，是如何修身，成为一名真正意义上的人。

严复责问教育界的反对读经者："试问今日之司徒，更将何以教我？"如果不用这些经典教育国民，你们又用什么做教材？有人会振振有词地说：我用英美的经典来培养中国人的人格！严复回答说："如此则亡国性"，"无国性谓之非中国人！"丧失国性就不配做中国人。

什么是国性？严复说："大凡一国存立，必以其国性为之基。国性国各不同，而皆成于特别之教化，往往经数千年之渐摩浸渍，而后大著。但使国性长存，则虽被他种之制服，其国其天下尚未真亡。"国性是历经数千年的教化与浸渍后形成的代代相传的文化精神，是民族的文化属性，是此民族区别于彼民族的根本标志，也是民族得以独立于世界民族之林的理由。

严复关于国性的理念，至迟韩愈就已经意识到了。唐代佛教盛行，朝野争先，大有取代中华本土文化之势。韩愈乃作《原道》，说中国有自古相传的文化传统，自尧、舜、禹、汤、文、武、周、孔以来，承传不绝，韩愈称之为"道统"，如今居然濒临断绝，韩愈以儒

人格与国性

家道统的继承者自命,传道、授业、解惑,奋斗终生。这是韩愈的文化自觉。顾炎武生于明清之际,当时的汉文化,面临被清军剿灭的危险。顾炎武在《日知录》的《正始》篇中警醒民众:要识别"亡国"与"亡天下"的不同,"亡国"只是政权易姓,本位文化依旧,无碍大局;"亡天下"则是政权与本位文化都被颠覆,是亡国灭种。这是顾炎武的文化自觉。

严复完全赞同顾炎武的理念,所以把"国性"视为国家"存立"的根基。严复历数世界上因为国性消灭,而徒存躯壳的古文明,这些国家"虽名存天壤之间,问其国性,无有存者","旧之声明文物,斩然无余。夷考其国,虽未易主,盖已真亡。"严复认为,只要国性还在,即使被其他民族征服,也还有复国的希望,就不是"真亡"。严复批评某些反对经典教育的人士:"身为中国人,自侮中国之经,而于蒙养之地,别施手眼,则亡天下之实,公等当之!"

人格针对个人而言,国性则针对民族的总体而言。一个民族的发展,首先要具备两个前提,一是民族内部的文化认同,这是民族是否具有凝聚力的关键,彼此没有文化认同的民族只能是一盘散沙,无法形成向上的合力,在国势危殆时期,文化认同尤为重要;二是民族整体的文化素质的高下,严复指出,中国经典指示的君子喻于义,小人喻于利;己欲立而立人,己欲达而达人;见义不为无勇,终身可为唯恕;称性善,严义利;人当为大丈夫等等的理念,都值得珍视,"凡皆服膺一言,即为人最贵",对于提升民族素质极为有益,只有民族的总体素质提升了,才能谈及民族的发展。

遗憾的是,近几十年来,由于我国科技长期处于后进状态,因而把学习西方科技放在学校教育的核心地位,学校的主要工作都围绕于此展开,因而忽略了人格教育的环节,人格教育在所有层次的学校缺席。怎样修身进德,如何诚信为人等基础道德问题,被虚悬一格,若有若无;或者纸上谈兵,落不到实处。中小学只关注升学率,大专院校成了职业技术的教培中心。不少学生说一套,做一套,形成双重人格。天长日久,这种状况势必会引发社会问题。

国性的问题,近代以来始终没有很好解决,需要努力的空间很大。在所谓全球化的时代,不同文化之间的交流更加便捷,但这是一把双刃剑,它既有利于我们向外界学习,同时也会对我们的本位文化造成某种程度的消解。这就需要很好地培育我们的民族文化,使之具有强大的内聚力。否则,一旦民族成员的文化认同呈散射状态,则民族振兴的话题就只能是美好的愿望。这是属于文化战略层面的任务,尤其不可忽略。此外,民族的总体素质有待提高。一个民族的素质优秀与否,不是空喊口号就能奏效,需要国家长期的投入与规划,目标要具体,方法要得当。鄙见,全面提升国民素质,需要几十年,甚至几代人的不懈努力。任务艰巨,但早抓早主动,晚抓晚主动,不抓则永远被动。

诚如严复所指出的,传统经典为我们提供了人格和国性教育的丰富资源。用好这一资源,推动社会文明的进步,是举国上下面临的重要课题,千万不可等闲视之。

# 礼乐文化与当代工业文明

我们正处在工业文明时代。工业文明给我们带来无数的物质利益,让人们享受着舒适的现代生活,但也带来了许多现代的烦恼。这些问题已经困扰着社会的发展,如何补救工业文明的弊端,是学界需要探讨的重要问题。

## 工业文明的困境

十六世纪,西方国家率先脱离农业文明时代,进入了以大机器生产为标志的工业文明时代。工业文明创造了西方社会的繁荣和现代化的体制,同时也确立了西方国家在全世界的主导地位。

1840年鸦片战争以后,中国知识分子激于时变,变法图存,希望成为近代化的强国。在当时知识分子的心目中,近代化即工业化。这种意识深刻地影响着一代又一代的中国人。建国以后提出的"建设现代工业、现代农业、现代科学、现代国防的社会主义强国"的目标,其核心依然是现代工业。改革开放以后,我国结束了闭关自守的状态,为了迎头追赶世界潮流,提出了加快发展社会生产力的口号。近二十年来,工业文明极大地满足了社会巨大的物质需要,使国人迅速摆脱了昔日的贫穷,国家实力不断加强。继续发展先进的生产力,无疑是今后需要继续努力的方向。

但是,真正的现代化应该包括物质和精神两个方面,即现代化的人格精神和现代化的物质生活。失却现代人格精神的现代化,与其说是进步,毋宁说是堕落。工业文明不是万能的,它无法解决人类的精神追求。不仅如此,当工业文明和日益丰富的物质生活失去人类良知的支配时,会脱离它既有的轨道,造成灾难性的后果。

人类创造了工业文明,而工业文明却正在将人类异化。工业文明造就了作为科技尖端的核技术,而人类却始终处在核威胁的阴影之中;工业文明造就了计算机,但精通电脑技术的"黑客"可以在举手之间摧毁各种电脑系统,使人们束手无策。工业文明将社会变成一部机器,将所有的人训练成驯服的工具;它营造了一个靠"智"和"力"争胜的舞台,将人们推上去竞技角逐;它把金钱变为衡量一切的标尺,使人类的生存价值变得淡漠虚无。诚如成中英先生所说"科技的发展,却又把人的价值中立化了,或者消除了。人成为只是物,而失去精神价值的依傍,于是,舍物欲的追求与市场的偶像或种族偏见外,人的主体性就所剩无几或别无他物了。"

不可回避的问题是,工业文明的终极目的究竟是什么?除了物质的享受之外,人类是否还能拥有精神家园?人类的心性情志是否还能保有自己的位置?尽人皆知,至迟从石器时代开始,人类就同时追求物质生活与精神生活的进步,这正是人猿相揖别的重要标志。迄今为止的人类历史,并非只是一部物质文明发展史,而是一部物质文明与精神文明并行的发展史。甚至可以说,人类对精神的追求甚于对物质的追求,因为人类的幸福是精神世界的幸福。丧失精神追求的人类,不仅不会有真正的幸福,而且会因窒息而死亡。因此,在这个意义上来说,人类的历史是一部在精神文明主导下的社会发展史。

二十世纪六十年代以来,西方发达国家的许多有识之士多次发起旨在寻回失落的精神世界、追求人类全面发展的文化意识运动,其中,最有代表性的是德国法兰克福学派代言人哈贝马斯(J. Habermas),他旗帜鲜明地"反对科技理性,反对器物文化的无限扩张"。人类用自己的智慧创造了工业文明,如果工业文明毁灭了人类的精神家园,那将是人类最大的悲剧。

人们不无遗憾地看到,当年西方"后现代工业国家"所遇到的困惑,正在中国重现。人们更多地关注个人的钱财和前途,漠视他人和社会的利益,精神世界正在被越来越多的物质欲望所挤占。在拜金主义的刺激之下,道德水准不断下跌,一些人试图通过贿赂、贪赃、造假、诈骗等各种不正当手段致富。一旦暴富,则挥金如土,为富不仁。传统的价值观念正在被金钱践踏,腐朽的价值观念甚至深入到一向清高自守的高等学府。

事实证明,工业文明不能使人类获得充分的、全面的发展。片面强调物质利益,刺激人的私欲,不仅会引发新的社会矛盾,而且会阻碍工业文明的健康发展。笔者认为,弘扬我国传统的礼乐文化中的精华,有利于建立起一种根植于传统的、以健全的人格精神为主导的现代化。

## 礼乐文化的主旨:用人类理性主导社会发展

所谓礼乐文化,是一种根植于人本主义的、修身治国的思想体系,通过礼和乐的引导,使人的内心世界和外在言行都合于"道"的要求,进而建立和谐的理想社会。

中国的礼乐文化源远流长,而正式形成于西周。中国礼乐文化的奠基人是周公。周人在夺取天下之前,不过是偏处一隅的小邦。而商王朝则是地处中原腹地、雄视天下的强国。考古工作者对殷墟进行了七十多年的发掘,大量的出土文物向我们展示了一个畸形发展的社会:大批精美无比的青铜器向人们展示了一个物质文明高度发达的青铜文明;但是作为商王室占卜记录的十万余片甲骨,显现的则是将精神世界完全寄托于鬼神的社会。自信"我生不有命在天"的商王,荒淫无道,为所欲为。

武王伐纣,强大的殷商帝国顷刻覆亡,证明物质文明的发展如果失去理性的制约,则最终要走向灭亡。作为杰出的政治家的周公,"不可不鉴于有殷",他认为殷人亡国的主要原因是"不敬厥德,乃早坠厥命"。所以要求周室贵族"明德",并制定了一整套体现德治思想的制度,是为周公"制礼作乐"。这是历史上最早的"以德治国"。因此,从某种意义上来说,礼乐文明在周代的出现,正是为了弥补商代物质文明与精神文明的失调,是为了用人类的理性主导社会的发展。

孔子及其弟子继承周公的德治思想,主张"为政以德","道之以德,齐之以礼"。所谓"礼",就是符合"道"的要求的行为规范,

礼乐文化与当代工业文明 147

孔子要求人们"非礼勿视,非礼勿听,非礼勿言,非礼勿动",使自己成为言行举止中规中矩的君子。儒家认为,礼是人的外在的行为规范,并不涉及人的内心世界。只有内心世界进入至上的境界,合乎天道,才能成为真正的君子。解决人心的途径,是施行乐教。儒家理论中的"乐",与西方音乐理论的"乐"判然有别,是一富有道德色彩的范畴。儒家将声音分为声、音、乐三个层次。声是动物或器物的原始声响,没有节奏、闻之没有愉悦感,故称之为"噪声";音是经过人为加工,有节奏、有文采,为人们所喜闻乐见的"乐音"。动物只能感知声,而不知选择音,所以《礼记·乐记》说:"禽兽知声不知音"。乐音是人们感知外界事物后发出的心声,可以互相感化、影响,《礼记·乐记》说:"凡音者,生人心者也。情动于中,故形于声。声成文,谓之音。"但是,人对外界的感知未必正确,由此而发的乐音未必合于道,惟其如此,儒家主张对于音要有所选择,只有表达健康的人性、能引导人向上的"音"才能称为"乐"。所以,《乐记》说:"知音而不知乐者,众庶是也。唯君子为能知乐。"《乐记》又说,乐"可以善民心,其感人深",所以说"移风易俗,莫善于乐",《乐记》说:"礼节民心,乐和民声,政以行之,刑以防之。礼乐刑政,四达而不悖,则王道备矣。"可见礼和乐是儒家淑世救民的大纲。

儒家提倡终身教育,并且寓教于礼,用礼的形式推行教化。礼仪的背后都隐涵着深刻的思想,"凡人之所以为人者,礼义也"。例如,古代男子年满二十岁要举行冠礼,表示从此成年。冠礼极其郑重,《礼记·冠义》说:"冠者,礼之始也","责成人礼焉者,将责为人子、为人弟、为人臣、为人少者之礼行焉。将责四者之行于人,其礼可不重与!"冠礼由德高望重的尊者主持,亲自为成年者加冠,三加弥尊,每次加冠都有祝词,希望他不辜负家庭和社会的期望,做一名有良好德行的人。宋代学者十分注重冠礼,曾在民间加以推广。辛亥革命以后,冠礼被认为是无用的旧风俗而废除。但是,随着时间的推移,人们突然发现青年人普遍没有成年意识,对家庭、社会没有责任感。于是,出现了要求举行成年礼的呼声,北京、成都、广州等地的中学普遍出现了成年仪式。可见,工业时代依然需要有责任感的青年,古代冠礼的立义依然有生命力。

古代的射礼,原本是上古时代尚武的遗风,但儒家把它改造成了富有人文内涵的教育形式。清代著名学者阮元童年时,母亲教导他说:为学犹如学射,"射需沉其气。气不沉,志不能正,体不能直。杜诗云:顾视清高气深稳,乃射之秘诀。"也就是说,要志存高远,心气沉稳,目标专一,用力精猛。射艺是要从"身正"开始的,若未能中的,也应该反躬自省。《礼记·射义》说:"射求正诸己,己正而后发。发而不中,而不怨正己者,反求诸己而已矣。"射礼所体现的是一种道,或者说一种人生哲理。韩国至今将射箭称为"弓道",可谓深得其旨。关于射礼所体现的思想,孔子还说:"君子无所争,必也,射乎?揖让而升,下而饮。其争也君子。"孔子十分喜爱《易经》中"天行健,君子自强不息"的话,君子应该像天道那样自强不息地奋斗。但他主张的是良性的竞争,是一种依靠自身实力的君子之争。如果我们都能有这样一种境界,当今社会上的不良竞争岂能成气候。

古代如冠礼、射礼的礼仪不胜枚举,限于篇幅,此不赘举。但仅此二例就可以知道,古礼可以今用。时过境迁,古礼的形式已经过时,但古礼所蕴涵的人文精神,依然闪耀着智慧的光辉,可以补工业时代之不足。

## 礼乐文明的现代价值

礼乐文明是中国传统文化的核心,是宝贵的历史文化遗产,是古代先贤对人类文明的杰出贡献。礼乐文明的现代价值非常广泛,除笔者已经论及的之外,至少还有以下几方面。

### 1. 礼乐文化与天人关系

儒家文化中的天,是万物之源,也是"道"的体现者。儒家把人类社会看作是自然的一部分,礼乐文化要体现的是天道。天道生生不已,自然界循环往复地生养长息,是人类生存的基础,所以,保护生态环境,与自然共同存在,是礼乐文化的重要内涵。《礼记·月令》将一年十二月当行之令,以礼的形式加以规定,其中特别提到各月对动植物的保护措施,如孟春之月,"禁止伐木。毋覆巢,毋杀孩虫、胎、夭、飞鸟。毋麑,毋卵";仲春之月,"安萌芽,养幼少,存诸孤","毋竭川泽,毋漉陂池,毋焚山林";季春之月,"田猎罝罘、罗网、毕翳、餧兽之药,毋出九门";孟夏之月,"驱兽毋害五谷,毋大田猎。农乃登麦,天子乃以彘尝麦,先荐寝庙。是月也,聚畜百药。靡草死,麦秋至。断薄刑,决小罪,出轻系"等等。《月令》强调,人类不能违背时令、节气之所宜去行事,否则就会带来灾难性的后果,如春天正是万物萌生的季节而行秋令,去砍伐树木、猎取幼兽,则无疑会破坏生态平衡,影响到今后的生产和生活。同样,夏天而行冬令、冬天而行夏令等等,都是违背自然规律(天道)的行为,必须禁止。《周礼》提到,大司徒执掌"土宜之法"的目的在于"以阜人民,以蕃鸟兽,以毓草木",明确把鸟兽、草木的繁衍与人类的发展并列。大宰执掌的"九职"中,"二曰园圃,毓草木;三曰虞衡,作山泽之材;四曰薮牧,养蕃鸟兽",也把草木、山林、鸟兽的养育提到关乎国计民生的地位来对待。《周礼·地官》中还设有山虞、林衡、川衡、泽虞等职,对山林、川泽资源进行专门管理。管理区内有厉禁,有政令;进入采伐者必须"以时","有期日",措施相当严密。

对自然的尊重和保护,并不是畏惧自然、慑于天命,而是出于对天人关系的透彻理解。只有生养有序、取之有度,才能保持人与自然的平衡。只有取得这一平衡,人类才有可能获得可持续发展的条件,这是古代贤哲的深思远虑。

工业文明时代奉行西方的人类中心主义,以人为宇宙的主宰,为了人类的需要,可以无限制地向自然索取,不惜"杀鸡取卵",滥采乱伐。有些国家以邻为壑,保护本国资源,但对第三世界的资源实行掠夺性开采,导致许多地区森林锐减,草原消失,水源枯竭,环境污染,大气温度骤升,人类的生存条件不断恶化,进行再生产的基础不断遭到破坏,工业文明吞噬农业文明之势,日甚一日。人类在取得短暂的眼前利益之后,不得不花费大量的资金来调整生态环境。如果当初我们没有把古代贤哲的教诲当废话,举国上下都有明确的"天人合一"的观念,就不会有如此之多的可笑之举。

**2. 礼乐文化与义利关系**

改革开放以后,经历了多年贫穷的人们,致富欲望空前地激发起来,"万元户"第一次成为普通百姓追求的堂皇目标,"恭喜发财"一时成为亿万国民的口头禅。物质利益的获取,是人的正当要求,是人得以生存的前提。通过自身的努力和合理的方法得到属于自己的份额,应该得到鼓励。但是,在这一社会观念大转换的时期,我们对于义利关系的宣传和引导注意不够,以致普遍出现用私欲驱赶良知、以物质压抑理性的现象,不知廉耻,不择手段,一心敛财,造成人与人的不义之争,孟子所批评的"上下交征利",司马迁感慨的"天下熙熙皆为利来,天下攘攘皆为利往"的局面正在重现。由于利益驱动,欺诈现象相当严重。报载,近年某地有许多外商撤资,原因是当地人没有信誉,投资环境太差。可见这一问题不仅影响到地方的形象,而且影响到经济的健康发展。

正确处理义与利的关系,是儒家反复强调的论题。人之所以不同于禽兽,是因为人有良知。有良知者不会彼此争抢食物,他们懂得用义统帅利,懂得"临财毋苟得,临难毋苟免。很毋求胜,分毋求多",奉行"君子爱财,取之有道"的信念。

礼乐文化并非止于揖让、进退、周旋行礼,而是要求人们修身立志,日迁于善。只有胸存大义的人,才能处理好义利关系。所以,《礼记》中谈论修身之处触目皆是,如《曲礼》说,"敖不可长,欲不可纵,志不可满,乐不可极","爱而知其恶,憎而知其善","在官言官","在朝言朝","朝言不及犬马";《大学》说修身、齐家,然后才能治国、平天下。而要修身,就应该格物、致知、诚意、正心。也就是说,求学与修身、治国是一致的,而不是要培养双重人格;《中庸》要求人们"慎独",要从身边的小事做起。儒家之礼,讲究践履,宋代的知识分子王安石、张载、朱熹等都是躬行实践的典范。以道德为核心的礼乐文化,成为全社会认同的意识形态。以礼修身,以乐修心,以《诗》、《书》为教化之具,成为一种历史传统。儒家希望人们通过修身、实践,道德自律,成为具有高尚品德的君子,从而使社会建立在稳固的基石之上。

### 3. 礼乐文化与伦理关系

人的生活离不开家庭、社群、国家。人与人的关系如何,影响到个人和社会的发展。儒家把社会角色分为君臣、父子、夫妇、长幼、朋友等五对,主张"君臣有义,父子有亲,夫妇有别,长幼有序,朋友有信",称为"五伦"。礼乐文化的重要功能之一,就是用道德和情感来建立和谐的伦常关系,为此而有许多相关的礼仪。

儒家并非要提倡狭隘的家庭伦理,而是以家庭作为起点,将爱心推广到全人类,《曲礼》说:"年长以倍则父事之,十年以长则兄事之,五岁以上则肩随",以天下人之父母为自己的父母,以天下人之兄弟为自己的兄弟,其终极目标是实现四海一家的理想,正如《礼运》所说的"人不独亲其亲,不独子其子,使老有所终,壮有所用,幼有所长,矜寡孤独废疾者皆有所养"的大同世界。

贯穿五伦关系的是德,违背伦常关系就是失德,就要受到社会的谴责。儒家把子女对父母的孝作为伦理道德的核心,子女是否有孝心,是否能奉养年老体衰的父母,是道德判断的底线,"五刑之属三千,而罪莫大于不孝",不愿赡养父母是最缺乏人性的行为。两千年来,中国流行许多以提倡敬老为主旨的礼仪,如晚上睡觉之前,要先为父母铺设床褥,冬天要检查被褥是否温暖,夏天则要注意睡榻是否凉快。早晨起身后,先要向父母问安。人们自幼耳闻目濡,久而久之,就能养成尊敬老人的社会风气。魏晋以后,以礼入法,道德与法合而为一,一方面奖励孝敬父母者,一方面用法律严厉制裁悖逆伦常关系者。南朝刘宋法律规定,"伤殴父母,枭首;骂詈,弃市;谋杀夫之父母,亦弃市"。晚辈杀长辈者,一律处以极刑,即使适逢大赦,也不得宽恕。

对父母与子女关系的观念,东西方有明显不同。东方人认为,

礼乐文化与当代工业文明　　153

身体发肤，受之父母，所以子女应该为父母养老送终。西方人认为孩子是上帝所生，父母不过是监护人。父母年衰之后，无力养活自己，应该到老人院度过残年。有人主张中国应该向西方学习，将老人问题交给社会来解决。这是做不到的，也是不应该的。我国目前正在以加速度的态势进入人口老龄化的社会，老人数量在全国总人口中所占的比例不断加大。一些老人由于没有经济来源，健康状况也日益恶化，或有为子女所嫌弃，衣食无着，沦落街头，晚景凄惨。老年人的赡养将成为工业时代日益严重的社会问题。

中国国力还比较薄弱，发展经济的道路还相当漫长，要投入足够资金、建造能容纳全社会所有老人的养老院，在相当长的时间内都不可能做到。即使政府有财力建造足够的养老院，但依然面临两个难题：一是我国的传统，习惯于父子、祖孙同堂，老人既可含饴弄孙、享受天伦之乐，又可以疾病相扶、起居照应。老人最大的问题是感情孤独，养老院设施再完善，也没有生活的乐趣。因此，相当多的老年人不愿住进养老院。二是我国经济还不很发达，老年人的支付能力很有限。因此，有财力入住养老院者也相当有限。

由于我国推行计划生育政策，一对夫妇赡养四位老人的现象将日益突出，并有可能成为新的社会矛盾。此外，长期以来社会淡忘了尊老礼仪，仅仅在每年重阳节组织老年人的登山活动，是培养不起尊老的社会风尚的。如果我们能发扬礼乐文化的尊老传统，恢复某些传统的敬老礼仪，而且从小学生抓起，数年之后，必有成效。

# 守住民族文化这道"万里长城"

## 文化是民族区别的根本标志

人类社会直到距今四万年,依然生活在旧石器时代,但在这个时候人类分化成为三大人种:尼格罗人种,就是通常说的黑色人种;欧罗巴人种,就是白色人种;蒙古利亚人种,就是我们黄色人种。

三大人种是适应不同的地理环境而形成的。黑色人种生活在赤道两侧,这里紫外线直射,普通皮肤受不了,于是当地居民的皮肤里就慢慢产生了一种黑蛋白,使得他们能够抵御紫外线的强射。白色人种生活的地方比较寒冷,最怕体内热量散发出去,所以他们的鼻孔比较小,而且有点鹰钩,这样不容易感冒。而黄色人种生活的地方自古多沙尘暴,所以一般人都是单眼皮,风沙一来,闭眼比较快。说到这里,大家可以明白,三大人种没有高低贵贱之分,你完全没有必要把自己的头发染成黄色,把眼皮涂成蓝色,刻意把自己打扮成白人。

众所周知,在同一人种之下,人类又分化成不同的民族,例如黄色人种有汉族、蒙古族、维吾尔族、藏族以及朝鲜民族、日本民族、马来民族等。那么,民族与民族又是靠什么来区分的呢?靠文化。

什么是文化?许多人都希望"一言以蔽之"给它下定义,但是迄今为止,世界上还没有人能做到。有人统计,目前大约有两百多种解释,谁也说服不了谁。今天我不想纠缠于这些争论,只想强调两句话。

第一句话:文化是人类特有的文化现象。凡是人类创造的一切都可以叫文化。动物不会创造文化。举例说来,吃什么,这不是文化,动物每天都要吃东西,但它不能成为文化。但这东西怎么吃,是煮着吃,还是炒着吃?怎么做出色、香、味来?怎样给它取一个好听的名字?就成了文化了,这只有人才能做到。

为了研究和叙述方便,我们可以把文化分成三大块:物质文化、精神文化和制度文化。人类必须依赖于物质才能生存下去,例如屋舍、衣服、工具、器皿等。人们在制作这些物质的时候,会把自己的技术、知识、审美情趣等融进去,使之成为一种物化了的文化。人是万物灵长,人有精神家园,不论丰衣足食还是缺衣少食,都会不断地思考:人是从哪里来的?人活着的价值何在?社会要向何处去?月亮上有人吗?等等。大家在思考的同时还提出自己的看法,从而形成了精神文化,或者叫思想文化。人类是社会性的群体,每个人都分属于不同的社会组织,这就需要制度来管理,于是就有了制度文化。

第二句话:文化是民族内部彼此认同的核心。不同的民族在各自的地理环境中生活,在漫长的历史过程中形成了各自的民族文化。我们到昆明街头,可以轻而易举地辨别出这是苗族,那是傣族,这是傈僳族,那是布依族。为什么？他们的文化不同啊！怎么个不同？他们的语言、服饰、居住和饮食形态都不同,过的节也不同。所以说,文化是民族内部彼此认同的核心,是此民族区别于彼民族的根本标志。

## 民族文化是民族存亡之根

既然文化是民族内部彼此认同的核心,那么,我们就不难理解这样一个道理:民族文化越强,则民族凝聚力越强,民族文化越弱,则民族凝聚力越弱,成为一盘散沙。民族文化存则民族在,民族文化亡则民族亡。或许有人会说,你这是耸人听闻,下面我讲一个例子,大家听了之后就会明白。

二十世纪六十年代,我在无锡读中学,当时中苏友好,俄语与英语并重,我被分在俄文班。第一堂课,老师在黑板上用俄文写中国这个词"Китай",然后领着大家读。隔壁班上英文的中国读音是China,意思是瓷器,中国的瓷器做得太好了,欧洲的贵族家庭都渴望在餐厅里摆上一套,以至于把中国叫做"瓷器之国"。那么,俄文中国"Китай"是什么意思呢？当时没人能回答我,我很郁闷,一二十年始终不得其解。后来,我进了大学,读的书多了,才知道"Китай"是"契丹"的音译。

大家知道,我们历史上有一个宋、元、金、辽时代,其中辽就是契丹人建立起来的。契丹人有自己的政权、自己的文字、自己的独特文化。契丹横亘在黄河流域诸民族和俄罗斯民族中间,当时交通不便,彼此了解很少,俄罗斯以为辽以南的地区都是契丹民族,所以就用契丹来统称中国。今天我们56个民族里没有契丹族。这个民族怎么就不见了呢？无非有这样几种可能：一是发生过一场种族屠杀战争，把他们斩尽杀绝了。大家知道，契丹政府军力强大，宋朝军队常常不敌它的兵锋，周围没有国家能把他们斩尽杀绝。另一种可能是，有一场可怕的传染病，让契丹人都死光了，例如黑死病之类。如果那样的话，得有一个前提：这病毒是智能型的，见到契丹人就传染，所以才那么准确，一个不落地消灭了。大家知道，这样的病毒还没有发现。

那么，到底是什么原因让契丹民族消失了呢？是文化。契丹人在与周边民族相处过程中，不注意保存自己民族固有的本位文化，而是处处羡慕别人的文化，处心积虑地仿效别人的文化。这种学习，不是为了丰富和完善自己，而是置换自己的文化，所以学一点等于是扔一点，久而久之，把民族内部彼此认同的东西扔光了，失去了凝聚人心的核心，就慢慢地消亡了。请大家注意，我说的是"消亡"，而不是"消灭"。消灭是在一个瞬间，时间很短促。消亡是一个过程，好比一个人血管破了，血不断地流，当时并不会死，等全身的血流失殆尽了，生命才会结束。我们说契丹人消亡了，是说作为文化意义上的一个种，他们已经永远地消失了，其实他们的子孙还在我们这13亿人口当中，还在这960万平方公里的土地上生活着。

历史上像契丹这样的情况并非绝无仅有。文化是民族的命根子。一个民族，即使被占领军占领了，只要文化还在，就还有复国的希望；如果本位文化丧失了，即使没有人占领你，你也失去了再站起来的可能。

## "文化自戕"与文化自强

中华文明源远流长,震烁古今。鸦片战争之前,中国人对自己的文化从来没有丧失过信心。鸦片战争后,列强文化强势涌入。在汹涌的西方文化浪潮面前,某些知识精英对于中国固有文化的信心轰然崩塌,出现了"文化自戕"现象,主张铲除中国本位文化,代表人物就是胡适。

胡适在美国留了几年学,回国后就以西方文化代表自居。他直言不讳地说,如果把中国文化比作是一棵树,那么他要做的就是把这棵树连根刨掉。他在《介绍我自己的思想》中说:我们如果还想把这个国家整顿起来,如果还希望这个民族在世界上占一个地位,只有一条生路,就是我们自己要认错。我们必须承认我们自己百事不如人,不但物质机械上不如人,不但政治制度不如人,并且道德不如人,知识不如人,文学不如人,音乐不如人,艺术不如人,身体不如人。在《信心与反省》一文中,胡适更是对中国文化做了全面抨击,把中国文化说得漆黑一团,一无是处。胡适说得最经典的一句话就是"月亮都是美国的圆"。

当时,崇洋媚外成了潮流,有些名流给教育部写信,要求取消汉字教育,所有学校不许写汉字,不许看汉字书,一律改用英文或者法文。语言文字是民族文化的核心,取消汉字,无异于斩断中国文化的血脉。当时的教育部如果采纳了他们的动议,那我们今天成什么国家了!

所幸的是,还有很多主张文化自强的有识之士。我们先要说梁启超先生。梁先生早年变法维新,向往西方文化,后到欧洲考察,适逢第一次世界大战爆发,他亲眼看到帝国主义列强的这场战争给人民带来的灾难,开始意识到,西方的制度不是我们要学习的,我们不能走它们的道路。梁先生回国后开始鼓吹本位文化,认为中国文化与西方文化,是并行不悖的两种文化,各有所长,应该互补互促。他与一位朋友在报刊上用化名辩论中国会不会灭亡的问题,结论是中国不会亡,原因是中国的文化不会亡。只要文化不亡,我们就还有复国的希望。这篇文章令一位年仅十七岁的青年深感震撼,以致影响了他一生的方向,他就是我们史学界的泰山北斗——钱穆先生。钱穆先生的《中国文化史导论》一书,从各个层面、各种角度比较东西方文化,对于破除学术界崇洋媚外的习气,提升民族的文化自尊和自信,具有里程碑式的意义。

不过,与"文化自戕"论相比,文化自强的声音还是很小的,且历来被忽视,这与当时的历史条件是分不开的。

## 文化自卑心理不足取

英国女学者阿姆斯特朗写过一本名为《轴心时代:人类伟大宗教传统的开端》的书,说公元前八世纪到公元前二世纪,在北纬三十度地区,同时出现了巨星级的伟人:印度的佛陀,中国的孔子和老子,希腊的苏格拉底和柏拉图。我们至今无法超越他们。这是很有代表性的西方学者对于历史的见解。可是,很长一段时间内,我们的文化自卑心理占了上风,中华文化固有的价值被忽视。在中西文化的百年交锋中,中华文化悄然流失,状况令人忧虑,需要检讨和反思。

首先,我们来看看价值观。任何一种文化,其核心都是价值观。西方人深谙此道,美国总统布什到清华大学讲演,讲着讲着就来布道了,"诸位,说到这里,我要给你们讲一讲美国人的价值观。"克林顿在北大讲演也是如此。美国人入侵伊拉克时,记者拿着话筒问一位女兵:"你到伊拉克最想做的事情是什么?"她说,"我要告诉伊拉克人我们美国人的价值观!"如果把你的价值观改变了,你的文化就基本上被颠覆了。

我们传统的价值观是以关怀"天下"也就是人类社会作为己任的。人不能活得太自私,而要时时以天下为念。范仲淹在《岳阳楼记》里说的"先天下之忧而忧,后天下之乐而乐"是最典范的表述,文天祥说的"人生自古谁无死,留取丹心照汗青"、东林党人顾宪成说的"风声雨声读书声,声声入耳;家事国事天下事,事事关心"等,大家都耳熟能详。

近百年来,我们的价值观正在悄然发生变化,主要特点是由"公"变"私",过分自我,"我"是这个世界的核心。有人把"家事国事天下事,事事关心",改成了"家事国事天下事,关我屁事"。电视片里也常常有"最要紧的是对自己好一点啦"之类的台词,这些西方的人生理念,已经普遍地渗透到我们的灵魂中。

其次是耻感。耻感是人类区别于动物的重要标志之一。中国人自古就很重视耻感,孟子说:"人不可以无耻,无耻之耻,是耻也。"不懂得羞耻,乃是最大的耻辱。如今,由于私欲膨胀,社会以占有金钱多少作为价值尺度,因而无耻之徒多多。只要能挣钱,假冒伪劣,无所不为,甚至连生产毒奶粉这样伤天害理的事,也不以为耻。

第三,文化表征的丧失。所谓文化表征,是指房屋、服饰、节庆、语言等显露于生活表层的民族特征。我们的许多文化表征,已经或正在被西方文化悄然置换。我们盖的房子大多是"火柴盒子",那是美式文化。报载,马来西亚人到了浦东惊呼:"到曼哈顿了!"再说过节,中华民族理当过自己民族的节日啊!可是,事情正在朝着相反的方向发展,各种洋节——圣诞节、情人节、复活节、愚人节,都大行其道。

二十世纪八十年代,首尔大学一位教授提出"文化领土论"的观点,认为在未来的世纪里,传统意义上的国界、领土概念将不复存在,代之而起的是按照文化影响来划分国界。我非常认同这一说法。战争的目的,无非是为了掠夺你的原料、市场和廉价的劳动力。如今,我只要在文化上把你征服了,你就会追随我,会为能到我的公司打工感到荣幸;你们就会彼此互掐,把价格压低到无利可图了,还哭着喊着要把资源卖给我;你可以在国境上陈兵百万,可是我用不着打你,你的文化影响有多大,你的实际领土就有多大。

## 守住中华民族的"文化长城"

文化是国本,是民族之根,必须强化。为此,我们需要从战略层面来守住民族文化这道长城,需要正确把握民族文化的未来走向。在此,我贡献一些比较肤浅的思考,供大家进一步探讨。

第一,向世界提供中国式的社会发展模式。二十一世纪是文化的世纪,借助于强大的无所不在的媒体,东西方文化的交流、碰撞、博弈、会通,将在前所未有的广度和深度上展开。在我看来,这场博弈归根到底是中国能否向世界提供一种不同于西方的社会发展模式。

近百年来,西方凭借其军事、经济实力,在世界各地推行自己的社会发展模式,在相当大程度上改变了世界的文化格局,这是相当不正常的。世界文化是多元文化,多元文化之间可以互相学习,互相补充,从而使人类文明更为灿烂。

作为具有五千年文明史的中国,有责任提出一种新的社会发展模式。最近几年,美国经济出现严重危机,并且殃及全世界,包括美国学者在内的各国经济学家都意识到美国文化出了问题。与此相反,中国经济创造了世界奇迹,中国的古老文明正越来越多地受到各国的重视,孔子、孟子、老子、庄子、《论语》、《周易》等等,正在成为热门学问。中国人没有走欧美的道路,但却取得了成功,如果我们能从文化上总结出东方式的社会发展模式,那将是中国对于人类做出的最大贡献。

第二,让中国文化走向世界。中华文明与西方文明是并行不悖的两个体系。中国文化有着鲜明的特征,历久弥新,有强大的生命力。但是,近百年来由于时势变迁,中国文化在世界上的影响越来越小,这与我们的大国身份很不相称,我们有必要向世界说明我们的文化传统、价值体系,通过各种途径展示中国的文化形象。

第三,增强文化向心力。改革开放以后,我们猛然发现,我们与西方国家在经济上的差距很大。人们还把经济上的落差等同于文化上的落差,进而把现代化等同于西化,在各个领域模仿西方。我们用西方人的思维和学科体系解读或者重构我们的固有文化,遇到格格不入之处,就批评我们落后、不科学。在生活方式上,更是奋力追赶西方时髦。在我们日复一日用西方文化改变自己文化基因的同时,在所谓"文化多元"的口号下,我们的信仰、文化认同五光十色,而以认同西方为大宗,正如香港媒体所批评的:"唯西方马首是瞻,唯西人所言极是,唯西例为理政之所循。从学界到商圈,从官府到民间,都在迷失自己,症结就是迷失了自己的文化与传统。"因此,当务之急是,我们要重新找回自己的文化价值,紧密集合在本位文化的大旗之下。

此外,还要提升国民素质,树立民族形象。最近几十年,中国成功实现了经济起飞,遗憾的是,我们的文化教育相对滞后,人的素质跟不上。许多富人出国旅游,由于缺乏教养,不知礼仪,只会大把撒钱,外界观感普遍不好,由此影响到国家的整体形象。有些西方媒体借机抹黑中国,对我们的后续发展造成了消极影响。因此,某种程度上可以说,我们能否重塑自己的民族形象,决定着我们未来能走多远。

# 用传统礼仪重塑中华民族形象

改革开放之初,我们说得最多的一句话是"让中国走向世界,让世界了解中国"。这里有一个问题:我们的国家、政府和国民以怎样的形象面对世界。遗憾的是,社会上不文明的行为触目皆是,形象堪虑,如此这般,如何建设和谐社会?笔者认为,在全体干部和民众当中有效地展开礼仪教育,是扭转这一局面的重要途径。

## "礼"是中华传统文化的核心,是形式与内容的完美统一

中国文化与西方文化是不同的文化。中国文化是道德理性文化,人性本善,人的灵魂是要靠自己来管束的,而管束的工具就是礼。礼就是按照道德理性制定出来的行为规范。在古代中国,大到国家典制,小到人们的服饰、建筑、行为方式等,无不贯穿着礼的精神。因此,认识和弘扬中华传统文化,一定要从礼开始。

人的一生不仅要读书明理,而且要通过"礼"体现在言行上,这就是"知书达理"。读书不是为了武装嘴巴,而是为了提升自身的境界,因此,知和行必须合一。儒家提倡"仁",仁者,爱人。这

种爱,不是爱自己、爱家人的小爱,而是"老吾老以及人之老,幼吾幼以及人之幼"的大爱,目标是要走向天下为公的大同世界。爱他人,就必须尊重、敬爱他人。而这种尊重与敬爱,是要表达出来、能让对方感受到的,这就需要礼。礼的基本原则,是要表达仁者的敬意。失去了尊重,就失去了礼的灵魂。由于礼仪教育的长期缺失,如今的年轻人在家里不懂得尊重父母,在学校不知道尊重老师,在单位不愿意尊重领导与同事。总之,他们不愿意尊重任何人,但却希望得到所有人的尊重。如此这般,社会怎么能和谐?

有人认为,礼仪不过是形式,没有实际意义,不值得提倡。殊不知,世界上的事物都是形式和内容的结合。内容是形式的灵魂,形式是内容的表现方式,两者互为依存。没有了形式,内容就成了无所寄寓的游魂;没有了内容,形式就成了没有生命的躯壳。这个道理,古人早就辨析得很清楚。中国古代的礼仪是以内在的德性为基础的,《礼记》说,只有"德辉动于内",才能"理发诸外"。在内心树立了光明的德性,你的行为就自然合于礼。离开了德性,形式做得再好,也不能叫礼。《左传》上说,鲁昭公到晋国去访问,从"效劳"的仪式开始,一直到离境归国,其间步步为礼,漫长而复杂,鲁昭公居然一点都没做错,晋侯佩服之极,称赞他真是懂礼。晋国一位叫女叔齐的大夫说,鲁昭公哪是懂礼呀,他做的不过是"仪"罢了!因为礼是治国安邦之器,鲁国内的政治已经非常混乱,他不去整顿,却到处欺骗大国,凌虐小国,还喜欢乘人之危,灾难将要临到他的头上,却浑然不知。他不知将精力放在礼的根本上,却专注于礼仪的末节,这样的人怎么能算是懂礼呢?女叔齐把礼和仪的区别真是说得透彻之极!正因为如此,古人主张身心俱进、内外兼修,否则就无法懂得礼的真谛。

古人认为,人生有两大追求,一是要找回人之所以为人的东西。人是万物的灵长,有着仁义礼智等善良的天性,古人把它称之为"质",这是动物所没有的。由于受社会环境的不良影响,人的质朴的天性往往变得模糊不清,或者干脆就泯灭了。这样的人实际上失去了人之所以为人的依据,因而应该重新把它找回来。二是要学习文明人的生活方式。随着经济的发展和社会的进步,人的生活品质应该随之提高,言谈举止要典雅,符合于道德要求,古人称之为"文"。文和质,是人的表和里,缺一不可。孔子说,如果一个人身上的"质"压倒了"文",就不免显得粗野;反之,如果"文"压倒了"质",必定显得做作。理想的境界是"文质彬彬",文与质恰到好处,相得益彰,既具备了质朴的本质,又有良好的文明修养,这才是君子的翩翩风范!

如今,不少人意识不到"文"对于提升自身形象的作用,言谈举止粗俗而不自知。曾有学生理直气壮地对我说:"我出生于农村,天性质朴,为什么还要学那些虚头巴脑的礼?"我回答说,两千多年前,有一位叫棘子成的人向孔子的学生子贡提了一个完全相同的问题,子贡回答说,虎豹和犬羊的区别,就在于它们身上的花纹不同,所以哪是虎,哪是犬羊,一望而知。如果把花纹都剃了,谁还能区别它们呢?子贡的比喻非常之贴切,没有了文明人的行为规范,谁还能相信你是君子呢?

古人提倡礼乐教化,有它的高明之处。要教育你变成德行高尚的人,不用空洞说教的方式,而是寓教于礼,把理念融化在仪式里面,为此,古人设计了冠、婚、相见、乡饮、乡射等"人生礼仪",让你在参与礼仪的过程中,心灵得到感化和提升。

## 用礼重塑国民形象

人的形象,是靠自己的理念和言行来塑造的。理念是内在的,无法看见;而言行却是历历在前,有目共睹,外界可以据此来下断语、作褒贬的。

时下许多企业都意识到了自身形象的重要性,为此而不惜重金招聘美女猛男或者名人影星担任形象大使,希望借此树立企业的形象。这种"一俊遮百丑"的办法,并不能根本解决问题。企业的形象,是要靠提升每一位职员的素质才能树立起来的。国家的形象也是如此,需要靠每一位国民来塑造。

展现在世人面前的中华形象如何,取决于国人的行为举止。在我国现行的教育体制内,从上幼儿园到博士毕业,任何一个环节都没有礼仪教育,因此,无论是已经毕业的,还是正在学校的,行为几乎没有规范,由此造成了诸多社会问题。改革开放以来,出国旅游的国民日益增多,他们把国内的失礼行为带到了世界各地,随地吐痰、大声嚷嚷、挖鼻孔、不排队、行为粗俗、不会说敬语等等,到处留下不良记录,海内外媒体的负面报道非常之多。问海外人对中国人的印象,答案常常就是"粗俗,没有礼貌,没有教养"。人家见到彬彬有礼的黑头发、黄皮肤的人,总以为是日本人,或者是韩国人,再就是台湾人;如果是一个不讲礼貌的人,人家往往会判定是大陆人。有些海外的企业家据此认为,中国的投资环境很差,不适合人居。这种判语,尽管我们感到冤枉,但人家就是这样认识中国人的形象的。所以说,每个中国人都是中华民族的"形象大使"。

要提升民族形象,一定要整体提升民族素质才行。

中国自古就是礼仪之邦,礼乐文化最为成熟,而且直接影响到了东亚文明的样式。早在宋、明时代,中华礼乐文化就传到了朝鲜和日本。由于它温文尔雅、内涵深刻,体现了文明民族的交往方式,很快得到朝野的欢迎,许多士大夫身体力行,为民众做表率,举手投足,无不从容中礼,成为普遍的社会风气,一直保存到今天。韩国电视片在国内热播。有些学生看了之后说,韩国人的家庭都非常温馨,人跟人之间彬彬有礼,令人羡慕。其实,韩国的礼仪源于中国,并非他们的原创。遗憾的是,在长期的极"左"思潮之下,我们用历史虚无主义的态度对待民族文化,把中国古代历史说得一团漆黑,说礼是封建的、腐朽的、虚伪的东西,于是,我们既抛弃了"礼"的层面,又废除了"仪"的层面,内心和行为上都很欠缺,于是行为失范和道德水准下降,成为新的社会病。有一位韩国学生,来中国之前很兴奋,因为中国是几千年的礼仪之邦,他一定可以学到许多韩国没有的礼仪。可来了之后非常失望,社会上几乎看不到礼仪,即使是学生见到老师也不行礼,如果他处处与人行礼,反而会成为"另类",招来异样的目光,于是只好入乡随俗,不与他人为礼。这事发生在东方礼仪文明的发祥地中国,很有讽刺意味。

在不少人心目中,认为礼仪属于细枝末节的小事,无关大局,所以从来不往心里去。殊不知,人的大节往往通过细节展示出来。周恩来同志是恪守大节而又注重细节的典范,无论是接见外国元首,还是看望普通农民,他都是笑容可掬,真诚有礼。他的衣服质地并不高级,但任何时候都很整洁。据他身边的工作人员回忆,每次出访,在飞机即将降落之前,他都要重新梳理头发,端正仪容,以表示对东道国的尊重。有一次在机场,他与外宾并肩走向卧车,我方工作人员走得很慢,因而离他们很远,周总理在事后严肃地批评了他们,认为这是冷落客人的失礼行为。周总理的一丝不苟,为国家赢得了很高的荣誉。不少人正是从这些细节感受到了他的高风亮节。时下有一句流行的话:"细节决定成败。"对产品是如此,对人品同样是如此。作为国家机关的领导、职员决不能忽视看似细小的礼节。

"文革"时期,有人把"礼"等同于"吃人的奴隶制"。改革开放以后,又有人认为,传统文化是我们走向现代化的绊脚石,必须彻底踢开。如此的文化自戕,原有的传统礼仪都被破除了,而新的礼仪又没有,想学都没有地方学,连起码的礼貌都没有了,大众的行为怎么会有规范?可是我们反顾韩国、日本,中华礼仪不仅没有影响他们的经济发展,还促进了人际的和谐,树立了良好的民族形象。韩国人甚至用电视剧《大长今》在全世界树立起了良好的民族形象。众所周知,中亚地区的许多阿拉伯国家不喜欢西方文化,但对东亚文化知之甚少。韩国人在《大长今》风靡亚洲之后,又把它推向中亚,展示了一个彬彬有礼的东方民族,当地人对韩国的好感陡然大增。韩国人趁机把《大长今》中的扇子、服饰、食品等"长今文化"系列产品推销到了中亚,赚得盆满钵满。礼仪既树立了韩民族形象,又拉动了经济,这是我们很少有人想到的。

## 政府官员要成为礼仪的表率

地方官员的职责,并非只是提高GDP一项,还有教化民众、引导他们向上的任务。如果经济发展的成就很高,但民风颓靡悖乱,地方官员就应该受到批评,甚至处分,这是自古皆然的事情。

但是,移风易俗并非易事,成天坐而论道,或者空洞说教,都注定要失败。对于官员而言,最基本的一点,是要靠自身的操守和道德形象来为民众垂范。《论语》上说,君子之德好比是风,民众好比是草,风向哪边吹,草就会向哪边偃倒,这是很有道理的。据《汉书》记载,颍川之地多豪强、朋党,素以难治著称。韩延寿就任颍川太守后,积极推行道德教化,躬身垂范,教以礼让,接以礼义,亲自讲解和睦与亲爱之道,数年之后,民风丕变,颍川大治,奸人不敢入其界。有一次,韩延寿到高陵,有兄弟为了争田而诉讼,韩延寿得知后没有介入司法,而是引咎自责,认为骨肉同胞如此相争的根本原因,在于自己没有宣明教化,于是闭阁思过。全县的官员深为震动,无不反思省过,争田的两兄弟非常惭愧,于是肉袒谢罪,表示今生永不复争。司马光是北宋著名的宰相,《宋史》说他"孝友忠信,恭俭正直,居处有法,动作有礼",民众都被他的德行所化。类似的例子很多,不能尽举。古人尚且如此,当今的地方官理应做得更好。由于近百年来的破坏,传统礼仪已经所剩无几,恢复与重建的任务相当艰巨。各级官员与行政人员应该敢为天下先,用自己的文明举止和礼仪风范来做表率,以此来开辟一代新风。鞠躬礼是中华传统礼仪中最常用的礼节,诸葛亮《出师表》用"鞠躬尽瘁,死而后已"来描述自己对国家的忠诚。但长久以来被歪批成"卑躬屈膝",所以现实生活中几乎看不到鞠躬礼。我们希望,再过三年五载,经过各级政府的推动,中华礼仪能在民间处处可见。

# 中华文明中的普世价值

近些年来,有关"普世价值"的讨论,一直是学术界乃至社会层面关注的热点之一,因为任何文化的核心都是价值观问题。不同民族对于价值观的认识并不统一,即使在一个民族的内部,不同的人对于价值观的认识也不尽一致,甚至可能是大相径庭。为了求得本民族、本国发展的正确方向,讨论何者是正确的、具有普世意义的价值观,无疑很有必要。

近代以来,"西方文化中心主义"盛行于世,在某些人看来,人类文明是一元的,西方文化处于其高端,中国文化则处于其低端;西方文化具有普世价值,中国文化没有普世性。因此,西方人的今天就是中国人的明天,中国文化必须以西方文化为镜鉴。近年来有关普世价值的讨论继续呈一边倒的态势,作为与西方文明并行不悖的中国文化的价值观,依然没有得到应有的重视,这既不公平,也有悖史实。

## 中国人自古追求普世真理

中国文明是世界上有数的几大原生文明之一。与古代埃及、古代巴比伦和古代印度相比,中国文明的显著特点之一,是地域极其辽阔。由于幅员广大,地理环境多元,各地风俗歧异。古代文献中不乏关于"五方之民"的文化差异的描述,如《礼记》说:"中国戎夷,五方之民,皆有性也,不可推移。东方曰夷,被发文身,有不火食者矣。南方曰蛮,雕题交趾,有不火食者矣。西方曰戎,被发衣皮,有不粒食者矣。北方曰狄,衣羽毛穴居,有不粒食者矣。中国、夷、蛮、戎、狄,皆有安居、和味、宜服、利用、备器。五方之民,言语不通,嗜欲不同。"[1]因此,轴心时代中国先哲探索的重大课题之一,是超越地理、风俗诸因素,寻找"五方之民"的共同特征,进而抽绎出"推而放诸东海而准,推而放诸西海而准,推而放诸南海而准,推而放诸北海而准"[2]的具有普世性价值的至德要道。

## 尊重人性:儒家普世价值的理论基础

儒家将人性视为人类最大的共同点,《中庸》说"天命之谓性",人性与生俱来,不学而有,不教而能,具有天然的合理性。凡

---

[1]《礼记·王制》。
[2]《礼记·祭义》。

人皆有性,人性皆同,"四海之内,其性一也"[1];"凡人之性者,尧舜之与桀跖,其性一也。君子之与小人,其性一也。"[2]因此,任何执政者都必须尊重民众的共同的人性,尊重人的心理感受,所以《中庸》说"率性之谓道",遵循常人之性治民,则庶几近于道。人性的外露,表现为"喜怒哀乐"之情。

人是具有丰富情感的动物,时时都被自己的情绪所左右。人非圣贤,不能自发地及于无过无不及的境地,如果自己的喜怒哀乐的情感得不到理性的控制,它就有可能给个人和社会带来不安,甚至动荡。所以中国文化要求每一个人用道德理性来约束自己的情感,礼缘情而作,"礼者,因人之情而为之节文"[3],"礼生于情"[4]。《中庸》要求人们用道德理性把握自己的情感,使之"发而皆中节",成为身心和谐的人。

## 仁义礼智:人格的基本标准

人类社会的进步,说到底是"人"的进步,宏观地说,包括体质进化与心灵完美两大任务,即身与心的进步。大约在一万年之前,人类在体质上完成了从猿到人的进化。但是,人的心性与精神的进化还远未完成。人是从动物进化而来的,因而人的心性不可避免地残留着动物的野性,从这个意义上而言,当今时代的人,依然

---

[1]《郭店楚简·性自命出》。
[2]《荀子·性恶》。
[3]《礼记·坊记》。
[4]《郭店楚简·语丛二》。

是"半人";全人类都要成为"完人",路程还相当遥远。

孔子提出"鸟兽不可与同群"[1]的理念,强调人当有文化自觉,知自别于禽兽。为了提示人与禽兽的本质区别,孟子提出人格标准的四要素:仁、义、礼、智。

"仁"是孔子倡导的最高道德境界,其内涵是"爱人"。就是从孝敬父母开始,树立爱心,然后老吾老以及人之老,推广到天下人的父母身上,走向大爱。中国古老的《孝经》已经出现"博爱"一词。唐代著名学者韩愈说:"博爱之谓仁。"

"义",孟子解释为"羞恶之心"。孔孟生活的时代,不义之战四起,生灵涂炭,对此,他们极度厌恶,所以《孟子》将"义"与"仁"并提,认为"得道多助,失道寡助。得道之至,天下顺之。失道之至,亲戚叛之",坚信正义必胜,多行不义必自毙,成为中国人维护社会正义的普遍信念。

"礼",是符合道德理性的制度与规范的总称,相当于西方人所说的"文化"。礼的核心精神是表达对他人的尊重,《孝经》说:"礼者,敬而已矣。"人是具有社会性的动物,人如何与他人相处,如何处理小我与大我的关系?中国先哲主张,以真诚而谦恭的方式对待他人,同时也希望对方礼尚往来,以同样的方式对待自己,从而达到一种更高层次的平等。

"智",孟子说是"是非之心"。在复杂的社会生活中,仅仅有仁爱、辞让之心,做谦谦君子是不够的,还需要明辨是非。如此,善良的爱心与尊重,方不至于陷于盲目,为某些居心不良者所利用。

---

[1]《论语·微子》。

## 和而不同:异质文明的相处之道

人类文明是多元的,每一种文明都享有平等的尊严,这是当代世界的共识。尊重不同传统、不同特色的文明,是中国先哲在两千多年前就倡导的价值理念。先秦时代,战争频仍,生灵涂炭。在学术界则有所谓"王道"与"霸道"之争,即是以德服人,还是以力服人?孔子反对霸道,反对暴政,反对种族歧视,他说:"君子和而不同,小人同而不和。"[1]和而不同,就是承认并尊重族群与个体的差异性,与之平等地和谐相处,让历史的长河慢慢冲刷差异的痕迹,或者通过道德的教化走向认同。以不正当的手段令异质就范,或者颠覆其文化,是无德无道之小人所为,为君子所不齿。历史证明,只要秉持互不干涉、互不侵犯等原则,不同的民族与文明不仅应该而且完全可以和谐相处。

"和而不同",并非空洞的辞令,而是儒家仁爱思想在社会生活中的必然体现。在面对利弊得失之时,要将心比心,切不可以邻为壑,孔子说"己所不欲,勿施于人"[2],说的就是与人为善,推己及人,绝不强加于人。在三四岁的中国孩子阅读的《弟子规》中就有"凡是人,皆须爱。天同覆,地同载"的教导,在孩提时代的中国人就深受这种具有普世意义的教育。

---

[1]《论语·子路》。
[2]《论语·颜渊》。

## 天下为公：人类理想的终极目标

孔子是伟大的理想主义者,他为中国人,同时也是为全人类描绘了理想的终极目标:天下为公的大同社会,"大道之行也,天下为公,选贤与能,讲信修睦。故人不独亲其亲,不独子其子。使老有所终,壮有所用,幼有所长,矜寡孤独废疾者,皆有所养。男有分,女有归。货恶其弃于地也,不必藏于己,力恶其不出于身也,不必为己。是故谋闭而不兴,盗窃乱贼而不作。故外户而不闭,是谓大同。"[1]孔子此语,丝毫不逊色于柏拉图的《理想国》,对中国文化产生巨大影响,历代志士仁人由此树立天下情怀,肩负勇于担当的历史责任,大公无私,引领民众向上。范仲淹的"先天下之忧而忧,后天下之乐而乐",文天祥的"人生自古谁无死,留取丹心照汗青",东林党的"风声雨声读书声声声入耳,家事国事天下事事事关心",顾炎武的"天下兴亡,匹夫有责",这些先贤的格言,前后赓续,成为中国人价值观的最高表述,成为强大的中华民族精神。

## 结 语

中华文明是迄今为止人类社会最具普世价值的文明之一。至迟从西周开始,中华文明就已超越宗教,走上以道德理性立国之

---

[1]《礼记·礼运》。

路。经过儒家的探索与阐扬,以尊重普遍的人性为基础、倡导追求自身道德圆满的理念,成为社会的主流思潮。在对外交往中,主张尊重异质文明,尊重他人,在共同的空间里彼此和谐相处,反对用霸权与暴力强加于人。儒家关怀人类社会的进步,希冀通过道德教化,使民众人人成为"完人",从而引领社会逐步走向天下为公的理想世界。

西方文化是宗教文化,以上帝为中心。在基督教的教义里,人有原罪,总想作恶为非。因此,人的灵魂要由上帝管,否则就会成为无恶不作的恶魔,被打入地狱,永世不得翻身。所以,做了错事,要去忏悔,若是怙恶不悛,则交由法律制裁。然而由于科学的发展,特别是太空技术的发展,上帝的存在得不到证明。因此,当代欧洲的年轻人对于宗教的怀疑与日俱增,既然上帝的有无都不知道,我们又为何要去遵从法律?因此,西欧信奉基督教的年轻人的数量,呈逐年下降的趋势。这一现象使得欧洲文化面临巨大的信仰与心理危机:没有了上帝,那自己的灵魂怎么办?

中国人似乎在两千多年前就意识到,人的灵魂应该由自己来管理。历史证明,没有上帝,人同样能够把自己的灵魂管好。毋庸置疑,这是一种超越宗教,能适应普遍的人性,而且成体系的理论,是中华民族为人类提供的一种具有普世价值的社会发展模式,这就是中华文明对于人类的重要贡献。

**提问**:我喜欢孔子的文化才来到中国,喜欢中国的传统文化。一到中国发现到处是西方文化的产品,楼盖得跟西方的楼一样,汽车、衣服都是西方文化的东西。曾有英国和德国的两名哲学家在二十世纪二十年代和五十年代提出一个观点,认为现在的科学是唯一能够毁灭中国文化的一个东西。在中国,科学的革命是毁坏过以儒家思想为中心的中国文化。如果在中国国内都没有中国文化的东西的话,怎么能传播出去呢?

**彭林**：你的看法跟我的看法完全相同。你要知道这一百年来,在特殊的历史背景之下,中国的传统文化几乎是被扫荡殆尽了,我们总是想着如何与传统作彻底的决裂,以至出现了你所说的这种令人痛心的局面。正因为如此,我们今天才要重建。刚才有一位教授发言说,文化要建立,但是要小众化的。令人感到欣喜的是,现在的文化重建工作的进展,比我想象的要快,例如各阶层学国学的人数不断增加,官方对孔子历史地位的评价越来越正面。如果没有民间力量的强大的推动,那是难以想象的。我这样说,并不是表示没有问题了;恰恰相反,从上到下,问题还很多,你我的忧虑是一样的。但是,我相信,在我们可以看得到的时间内,会有根本的改变。我就是研究儒学,研究孔子的,如果你有兴趣,我们可以一起来探讨。

**提问**：我对彭老师的讲解非常感兴趣,我非常赞同您对中华文明的核心价值的概括,咱们的仁、义、礼、智,但是您说这些核心价值是普世价值,这是值得商榷的。什么是普世价值,应该是大家普遍接受的观点。就我个人而言,我认为这种定义下的普世价值是不存在的,不同文明间的差异太大,不可能让一种文化得到全世界每一个文化圈的普遍认同。举个例子,您说到"天下大同",这个概念对我们的翻译人员来说就非常难翻译,还有,比如"天人合一"这个概念,也很难翻译。如果咱们把这个概念翻译成英文都非常困难,我们又如何让外国人全部接受我们的观念?如果没有办法接受,怎么说我们的文化是普世价值呢?

**彭林**：孔子提出的"天下大同"，实际上是一个终极目标。政治精英规划社会进步的远景，往往都会提出一个终极目标。柏拉图提的"理想国"，马克思、恩格斯提出的共产主义，都是理想的终极目标。包括终极目标的提出者在内，我们都不可能亲眼目睹这个理想世界。它是按照一定的逻辑推导出来的，但确有其合理性。但是，这种精英理论，并非人人都熟知的，比方说，柏拉图的《理想国》，你去问一位农民朋友这书说的是什么意思？他很可能说不上来，但这并不影响《理想国》的价值。此外，翻译上出现的困难也是如此，人类文明异彩纷呈，各成体系，彼此的沟通与了解，并不是一件轻而易举的事。比如说中国文化中的"天"，并非单指自然界的天，在不同的语境里，它有不同的指向，把它翻译成英文，相当之困难。再比如中国文化中的"礼"，在西方语言里没有对等的词可以翻译，既不能翻译成仪式，也不能翻译成礼节，它与西方人说的"文化"一词约略相当。如果我们讲这些概念、范畴马上就让全世界的人都接受，那不可能。因此，不能因为难以翻译就否定它的价值。中国文化里的大同世界，是中国人的梦想，里面充满着普遍的人类之爱，人们尽自己的所能为社会贡献心智与体能，同时又享有充分的权利。这个社会难道没有普世意义？佛教提倡大爱，基督教是博爱，中国人说的仁，意思其实是一样的，文化在最基本的问题上是相通的。普世价值不是西方人独创的，在这之前，中国文化里的许多东西同样具有普世价值。我说的是这个意思。

**提问**：中国对私人的隐私是什么样的看法？因为在美国现在有一个讨论，到底要不要隐私，要隐私不要安全吗？现在在中国对隐私是怎么看的？

**彭林**：近代以来有一段时间，中国人确实没有多少隐私可言。

但是,在传统文化里,隐私是受到尊重的,《礼记》里不少相关的记载,比如"将上堂,声必扬。户外有二屦,言闻则入,言不闻则不入"[1]。意思是说,将要登堂之时,要故意大声说话,以便让室内的人知道将有客人到来,提前结束谈话。如果门外有两双鞋,表明里面有两人在,如果他们说话的声音较大,门外都能听得到,说明他们谈话的内容没有秘密,此时客人可以进去;如果里面的谈话声很小,则表明他们的谈话不愿被别人知道,属于隐私,此时客人就不要进去,以示尊重。《礼记》还说道,在尊长旁边陪坐时,如果有人对尊长说:"我想占用您一点时间说几句话。"于是左右之人都要回避,他们有隐私要谈,此时都应该做到"毋侧听",就是不要把耳朵贴在墙上偷听。为什么?唐代经学家孔颖达解释说:"嫌探人之私也。"他说得很清楚,那样做有偷听他人隐私之嫌。而偷听他人隐私是不道德的,会受到舆论谴责。所以,中国的小孩从小受到的教育里就有这么一条,人家在谈话不要偷听。中国传统文化里关于尊重人家的隐私,是一个基本要求。

提问:我听了觉得挺受益的,我挺感兴趣的,关于世界大同,其实我特别想说,我觉得天下大同对外国人来说很难理解,这是我第一个问题,怎么理解。我上周听了一个美国哲学教授的讲座,他的新书发布会,他写了一本有关中国古代哲学的书,尤其是道家哲学对美国当代社会思潮的影响,主要用中国的儒家、道家思想解决美国的社会问题,比如说枪支泛滥,美国对同性恋的宽容等。我当时觉得这个非常有意思,用中国的文化解决一些社会问题,之前我们解决社会问题更多地从西方的角度,从启蒙运动时代,从更早的

---

[1] 《礼记·曲礼上》。

哲学家。中国文化能够被用在一些社会问题上,我觉得比在政治领域上更有说服力。

**彭林**:第一个问题,世界大同怎么理解。我想是这样的,我前面说过,人类社会的发展,归根到底是人的发展。这有两大阶段,第一阶段,人要从猿变成人,这主要是体质人类学家研究的问题。从猿到亦猿亦人的猿人、再到现代人,用了将近两百万年的时间,使我们的体质脱离了猿的特征。第二个阶段,人还有一个心灵发展的任务,它还远远没完成,才刚走了几步。从某种意义上来说,我们还处在"半人"的阶段,因为人是从禽兽变来的,所以在人的精神心理上,或多或少地残留着动物的野性。要把这些野性彻底消除,成为纯粹的人,还要经过不知多少代人的不懈努力。我理解的世界大同,是人类的发展已经达到共同的最高境界,人人都成为高尚的人、脱离了低级趣味的人,一心为公,对待天下人的父母,能像对待自己的父母一样,人人都有天下的情怀,都能把公众的事情当作自己第一位的事情来做,达到如此境界的人,才是完人,才是真正的人。

中国文化如何解决当今社会的问题?这个问题提得非常好。首先,西方文化里,人的灵魂与肉体是分离的。人的灵魂由上帝来管理,自己只要管好身体就行。中国文化不然。至迟在西周初年,中国文化就超越了宗教,主张用道德治国理民。后来经过孔孟与七十子后学,形成了"修己治人"的治国之道。儒家经典《大学》开篇就说:"大学之道在明明德。"修身,是人成长的必由之路,也是社会进步的阶梯。修身的第一步,是要意识到自己不是禽兽、不是畜生。自己是具有仁义礼智四端的人,有内在的光明的德性。只要培养它,让它茁壮成长,就能成为君子。不仅要使自己的人格达标,而且要优入圣域。我非常赞同儒家理论中归纳出来的人生公式:本体——工夫——境界。每个人都是一个认知的本体,通过一生所用的"工夫",注意,这工夫不是少林武功,而是读书、践行等人生修为的种种努力,最后成为一名有境界的人。如果我们每个人都这样走完人生之路,一切的社会问题也就解决了。

另外,在处理国际关系问题上,儒家思想也为我们提供了非常成熟的思想资源。刚才几位都谈到儒家的"和而不同",谈到"己所不欲,勿施于人"。如今的美国文化,与这些理念完全相反:他不喜欢在自己本土发生战争,但他把伊拉克、叙利亚等国推到战火之中。他们振振有词地说,美国人的利益是世界上的最高利益,美国人的国家利益可以压倒其他所有国家的利益,为此不惜以邻为壑,转嫁危机,真是岂有此理。这是强权政治,霸权文化,很不厚道。

我痛感,中国文化的仁爱、宽厚与包容等思想,我们宣传得不够。我们理应下大力气,把中国文化的普世价值彰显出来,让全人类去比较,究竟哪一种文化才更适合人类发展。

# 民族文化与民族命运

人类文明是多元文明。不同的民族在各自的环境中,创造了各自的文化。民族文化是民族存亡之本,是民族凝聚与发展最深层的动力,指示着民族的命运。正确认识和充分利用民族文化,具有最重大的战略意义。

## 民族文化是民族认同的核心

文化是人类特有的现象。凡是人类创造的一切都属于文化,大别之,人类文化可以区分为物质文化、精神文化和制度文化三大类。物质文化是人类赖以生存的基础,是物化了的文化。人有思维力,有探究一切的冲动,创造了灿烂的精神文明。人类的幸福最终是在精神家园。人只有结成群体,形成社会分工,才能在复杂的自然环境中生存下来,并且从低级走向高级。从原始群到现代社会,人类始终是有组织的群体。因此,从居民委员会到政府,乃至联合国,都离不开制度。制度文化介于物质文化与精神文化之间,它既不是物质的,也不是精神的;或者说它既是物质的,又是精神的。

迄今为止的文化都是民族文化。超越民族的人类文明远远没有出现。在还存在国家利益的今天,民族文化的地位尤其重要。民族文化是民族内部彼此认同的核心,是回答"我是谁"的问题的。民族文化最基本的要素有:服饰、节庆、语言文字、饮食方式、居住形态等,这是在漫长的历史活动中自然形成的,与当地的气候、山川、风物、传统等浑然一体,是历代先祖集体智慧的结晶,成为本民族区别于其他民族的根本标志。在民族内部,无论是文盲,还是知识精英;无论是庶人,还是首脑人物,在这些特征上是一致的,是民族成员彼此认同的最大"公分母"。

清代著名学者顾炎武在他的《日知录》里把历史上的改朝换代分成两类,一类叫亡国,另一类叫亡天下。亡国,是一家一姓的"国"覆灭,被新的王朝替代,文化没有发生变化,对社会震动不大。亡天下,是原有的"国"亡了,文化也被异质文化所置换,作为文化意义上的"种",已被消灭,是亡国加上灭种。亡国的责任,由"肉食者"——享受高官厚禄的官员承担。亡天下的责任,则是属于国家的每一个人,匹夫匹妇都无可逃避其责。梁启超先生将顾炎武此文归纳为"国家兴亡,匹夫有责"八字。顾炎武将文化的存亡与民族存亡等量齐观,极具卓识,可谓振聋发聩!以后每当中华民族面临危急关头,它就成为鼓舞民众救亡图存的最有力的口号。作于抗战时期的《毕业歌》中,"同学们大家起来担负起天下的兴亡"一语,就是脱胎于此。

民族文化越弱,则民族凝聚力越弱,如同一盘散沙。民族文化一旦消解,则民族走向消亡。中国历史上的某些民族,由于不注意保存自己的民族文化,最终从历史舞台上消失,典型的例子是契丹。契丹人有自己独特的文化和强大的军事力量,国号辽,曾长期与南宋政权对峙,影响很大,以致俄罗斯语中的"中国"一词,就是"契丹"的音译。契丹人在与周边民族交往的过程中,不注意固守本民族文化,盲目追随其他民族的文化,久而久之,民族内部没有了彼此认同的核心,自行消亡。尽管契丹人的后裔还生活在我们这片土地上,但作为一个民族,已经彻底消失。历史是无情的,没有民族文化的民族就没有资格存在,必遭淘汰。

人类社会早期曾经涌现出埃及、巴比伦、印度、中国等几大原生文明,但在公元前后,中国之外的诸文明,都被外来文明侵占而灭亡,成为失落的文明。今天的埃及、伊拉克、印度的文化,是在外来文化的基础上重新开始的,与原有的古文明毫无关系。因而人们用"古代埃及"、"古代巴比伦"、"古代印度"的称呼加以区别。中国文明是迄今唯一没有发生断裂的古文明,这是人类文明史上的奇迹。保持中华文明发展的势头,再造辉煌,不仅是每一个炎黄子孙义不容辞的责任,也是世界人民对我们的期待。

## 西方人的文化战略

西方人很早就将文化运用于战略层面。明清之际,西方传教士来华,面对积淀极其深厚的中华文化,最初几年几乎毫无作为。后来,他们刻苦钻研中国文化,发现政府非常重视历法,王朝更替之初的大事之一,就是"改历颁朔"。中国的天文历法之学原本非常发达,但明朝政府严禁民间研究历法,此学开始衰落。传教士提出"文化传教"的策略,以此挫败中国人的文化自尊,遂要求罗马教廷多派懂得天文历算之学的传教士多带天文仪器来华。随后，又提出与中国天文学者比赛预测日食时间，结果大获全胜，得到康熙帝赞赏，清廷的钦天监从此被西人掌控两百余年。中国文化的缺口终于被打开，这是西方势力用文化楔入中国的成功范例。

二十世纪六十年代，美苏两个超级大国进行"和平竞赛"，作为第一个交流项目，双方各自在对方的首都举办一场展览。苏联在美国举办的是炫耀其宇航技术的展览，美国人看到如此先进的宇航技术非常不安，认为是对自身安全的威胁。美国在苏联举办的是介绍美国人家庭厨房的展览，观众目睹美国家庭高品质的生活，自惭形秽，感叹自己白活了！由此对美国大有好感。其后，美国打着文化交流的幌子，派遣文化间谍深入苏联民间，传播贴面舞、脱衣舞等娱乐形式，腐蚀苏联青年，进行文化渗透。前苏联作家柯切托夫的小说《你到底要什么》，生动地描写了这一背景之下的苏联青年的整体堕落。当时日本某记者以《苏联是社会主义国家吗》为题，发表系列采访，认为苏联的年青一代对人类的命运、祖国的前途已经毫不关心，他们一心追求的，是到美国去过花天酒地的生活。我国《参考消息》曾经全文转载。美国的渗透最终获得成功，在前苏联解体的过程中，他们的洲际导弹、人造卫星、航空母舰等，一件也没有用上，美国真正达到了《孙子兵法》"不战而屈人之兵"的境界，不费一枪一弹，用西方文化彻底瓦解了前苏联。

近年，美国人策划的"橙色革命"、"阿拉伯之春"等"颜色革命"，其切入点就是文化认同问题。我国也是其重要目标之一，近几十年来，国民的价值观、生活方式、审美情趣、婚恋理念等，都在全面地"向西看齐"。深入大学生人心的理念是：人都是自私的，都想谋求利益的最大化。不少学生说，遇事不问是非对错，但问是盈是亏。基督教在民众中,尤其是在知识精英中迅速渗透。我国的文化安全问题,极为严峻。

美国在推行军事、经济霸权主义的同时推行文化霸权主义,在"经济一体化"的旗号下,强势冲击各国异质文化,试图由他们来统一全球文化。不少经济落后的弱势民族无力抵挡,话语权越来越少,他们的文化正在被遗忘,越来越边缘化。

法国最早意识到经济全球化将导致文化全球化,加速弱势文明的消亡。二十世纪八十年代起,法国电影市场的60%被美国占据,某些西欧国家则高达80%~90%。美国对西欧文化的冲击如"铁罐"撞"陶罐",西欧本土电影严重萎缩,市场所剩无几,国民价值观也随着美国电影的进入而悄然改变,长此以往,后果堪虞。在美、法关于关贸总协定的开放服务市场的谈判中,美国强调文化产品与其他商品应该等同对待,法国认为文化产品虽然有商品的属性,但又有精神层面和价值观层面的内涵,因此它不是普通商品,不能从属于商业。在这场旷日持久的谈判中,法国人同仇敌忾,把文化的单一化和文化产品的标准化作为文化多样性的敌人来加以反对。

2000年,联合国开发计划署发表《人文发展报告》,报告指出:"当今的文化传播失去平衡,呈现从富国向穷国传播一边倒的趋势。""必须扶持本土文化和民族文化,让他们与外国文化并驾齐驱。"2003年10月,在联合国教科文组织第32届大会上,法国和加拿大联合提议,就文化多样性起草一个国际公约,得到了60多个会员国的支持。

## 树立对中华文明的自信与自尊

二十世纪初,在特殊的历史背景之下,某些知识精英对中国文化的信心全线崩溃,妄自菲薄,甚至追随欧洲人的"中国文化西来说"。他们认定,人类文明处在同一个坐标之中,西方人居于这一坐标的高端,中国比西方落后整整一个历史阶段,处在这一坐标的低端。因此,西方人的今天就是我们的明天。基于这一认识,出现近百年以来不是全盘西化,就是全盘苏化的局面,中华的本位文化始终站立不起来。上述论调完全违背历史事实,需要彻底澄清。

农业是人类文明之母,大约在距今一万年左右,地球上出现了三大农业文明起源中心:两河流域最早培育成功了小麦和大麦,中国最早培育成功了小米和大米,印第安人最早培育成功了玉米。中国实际上是由北方的旱作农业(小米)与南方的水田农业(大米)两大块构成的,它们经过数千年的交汇与融会,汇成了灿烂辉煌的夏商周青铜文明。到春秋战国时期,中国文明进入巅峰期。上世纪四十年代,德国哲学家卡尔·雅斯贝斯提出了著名的"轴心时代"的理论,认为在公元前八世纪到公元前二世纪,在北纬三十度附近,东西方同时出现巨星级的先哲,如印度的佛陀,中国的孔子和老子,古希腊的苏格拉底和柏拉图,人类文明获得重大突破,我们至今无法超越。他把中国列入全世界四个"不同寻常的地区"之中。这证明中华古文明是得到西方学界认可的。

梁启超在《论中国学术思想变迁之大势》中说,中华为五大洲之最大国,人口居全球三分之一,四千余年历史未尝一中断,有四百兆公用的语言文字,有三十世纪前传来的古书,凡此均为"世界莫能及";又是"世界文明之祖国"中唯一"屹然独立,继继绳绳,增长光大,以迄今日"的国家,无论是上世史还是中世史时代,中华文明处处堪与欧洲文明匹敌;"惟近世史时代,则相形之下,吾汗颜矣",但国民必定能"恢复乃祖乃宗所处最高尚最荣誉之地位,而更执牛耳于全世界之学术思想界者"。他自称是"伟大国民一分子",为中华文化"歌之舞之,发挥之,光大之,继长而增高之,吾辈之责也"。

遗憾的是,梁启超的见解没有成为主流,思想界热衷于文化自戕。这在"西方文化中心论"盛行的年代,学界如此表现,尚属情有可原。时至今日,即使是在西方学术界,"西方文化中心论"也已经退潮,代之而起的是"多元文化论",亨廷顿的《文明的冲突》一书,便是其产物。然而在国内,鄙弃中华文化,全方位追慕西方文化者依然不少,这是在世界上任何国家都难以见到的反常现象。

《庄子·逍遥游》说:"且夫水之积也不厚,则其负大舟也无力。覆杯水于坳堂之上,则芥为之舟,置杯焉则胶,水浅而舟大也。"意思是说,水的蓄积不深,就没有负载大船的力量。在堂上的低洼处倒一杯水,就只能浮起一根芥草那样的船,放一只杯子就搁浅了。如果把中华民族比作一艘即将扬帆远行的航船,那么,它需要的不是一洼浅水,而是足以负载它的大海,不言而喻,这就是我们五千年的传统文化。我们古老的文明,不是沉重的历史包袱,而是宝贵的精神财富,犹如铸山为铜,煮海为盐,为我们提供了取之不竭的思想资源。

## 应该建立文化战略

中华民族的腾飞,需要最大限度凝聚全球华人的心,增强向心力,消除离心力,发挥文化独特的功用,这就需要把文化放到战略层面来谋划。

首先,为人类提供不同于西方的社会发展模式。中国文化显示了迥异于西方的发展思路,在中国文化里没有救世主,天地之间有正义,得道多助,失道寡助;人性本善,人有良知,灵魂要由自己来管理;通过修身进德,可以成为君子甚至圣贤。中国文化中有许多具有普世价值的东西,这是欧洲启蒙运动的思想家的共识。

最近几十年,情况正在变化,一方面由于上帝的存在得不到科学的证明,所以西方年轻人信奉基督教的比例锐减,西方人的精神世界将发生动摇。另一方面,次贷危机的发生,证明西方经济理论已经出了严重问题。未来的几十年,世界格局将会发生震动,甚至重组。有西方学者认为,中国文化正好解决西方文化的缺失,必将受到未来西方社会的关注和欢迎。这是历史赋予中华文化再度复兴的最佳历史机遇。如果能为人类提供一种比美国文化更具普世价值的文化,那将是中华民族对新世界最为重大的贡献。我们应该很好地把握时机,尽早从战略高度来谋划文化建设与谋篇布局。

第二,建立对中华文明的"国家表述"。欧洲人对于自身的文化都有很深的了解与认同,例如对于"文艺复兴"的成就,人人都能娓娓道来。这既有利于凝聚民心,增强自豪感,也有利于向外部世界传播。日本明治维新时期,福泽谕吉提出"脱亚入欧"的理念,举国西化。其后,不少日本学者和政要出访欧美,东道主为之安排讲演,希望他们介绍日本民族的历史、文化传统、价值观,日本人顿时觉醒到本位文化对于提升国威的重要性,于是转而大力发掘自身的文化,树立自身的形象。

中华有五千年文明,博大精深,无与伦比。但是,经过近百年的自戕,举国上下对自身文明的认识极为纷乱,全盘否定者、虚化者依然不少。热爱者虽居多数,但大多处于自发的、散在的状态,所知不成体系,没有理论深度。甚至一说中国文化,就是茶文化、酒文化、烹饪文化,似乎中华是只会吃喝、没有思想的民族。应尽快组织精干力量,完成对中华文明的"国家表述":中国的文化身份如何定位?文化传统是什么?社会尊奉的价值观与道德标准又是什么?中华民族为人类的思想文化做出过哪些贡献?凡此,既是为了负责任地向世界作出回答,也是为了使之成为国民尽人皆知的思想财富,这对于中华民族的伟大复兴的意义,不容小觑。

西方世界的对外行动,包括发动战争、经济制裁、政治打压等,总是首先抢占道德制高点,一切都在道德的旗号下出手,令对方始终处于被动应付的地位。中国人有切肤之痛的是,无论是在我们贫穷的时代,还是在崛起的时代,西方政客与媒体无不加以抹黑与丑化。痛定思痛,我们不能拱手相让,一定要把道德制高点夺回手中。

中华民族自古以道德立国,孔子是道德的创立者,在人类文明史上有特殊贡献,因而能位列世界十大文化名人之首。文天祥《正气歌》说:"孔曰成仁,孟曰取义。"仁义是贯穿古今、深入民众之心的道德主轴。有关的论述,经典中在在多有,许多志士仁人为之奋斗终生。中华是仁爱为怀的民族,是富于正义感的民族,我们始终反对不义之战。凡此,我们应该理直气壮地宣传,与西方展开战略攻防。

第三,实现传统文化与现代的完美对接。就最一般的逻辑而言,政府与执政党应该是本民族文化的代表,否则,执政的合法性就成了问题。传统是在长期的累积与汰选的过程中逐步形成的,并且沉淀于社会的深层。犹如人的成长,总是在既有的生理基础上进步,而不是斩断昨天后重新开始。执政者的任务,是在两者之间找出交汇的接口,融为一体。传统与现代之间存在差别是必然的,它既有不合时势之处,也会有恒久不变的合理内核。就中国文化而言,仁义、礼乐、谦敬、诚信、忠孝、中正、清廉、和谐、荣辱、自律等基本要素,具有超越时空的价值,与现代社会的精神文明建设有很强的互洽性,与我党的理念也有重叠的部分,理应充分吸收。

又如,当今的世界外交错综复杂,如何巧妙应对?应该从传统中吸取智慧。例如,《战国策》一书,记载如何远交近攻、借力发力、分化瓦解、围点打援等,蕴含着极其丰富的外交智慧,对于提升相关人员纵横捭阖的能力,大有裨益,理应成为外交人员的必修课。

第四,文化立国,教化为本。文化的基本属性不是商品,更不能等同于歌舞娱乐。文化的核心价值在于,用道德理性、正确的制度与规范来化民成俗,引领社会向上。人的正确的世界观、人生观不是与生俱来的,也不是天上掉下来的,只有经过教育才能具备,所以《礼记》说:"建国君民,教学为先。"

严复说,中国传统教育的根本目标是要树立人格与国性:"无人格谓之非人,无国性谓之非中国人。"这两点正是立国之本。如今从幼儿园到研究生的任何一个层次,人格与国性的教育都有一定缺位,使孩子从小只受到个人奋斗的教育,却缺乏对民族和国家的责任感。

在高中就实行文理分科,使得绝大部分大学生缺乏人文知识与素养,遑论没有机会进入高校的青少年。某些为富不仁的商人,造假添毒,危害社会,民怨四起,严重影响政府形象。这些问题应当引起我们的足够重视。我国是礼仪之邦,讲究尊老孝亲、善友睦邻、诚信宽厚、礼让自谦等等,这是我们民族的优良传统。中华腾飞需要民族精神的引领,文化的重建,这不是几句空洞的口号就能解决的,需要从学校、家庭、社区做起,切切实实地改变。

第五,做中华文明的领航者。中华文明是东亚文明的灵魂,儒家思想至今影响着日本、韩国、越南等国家。散布于世界各地的华人、华侨,是祖国发展的重要力量。如何强化中国的东亚文化领军者的地位,对于提升我们的文化形象,构筑对话平台,保住海外华人的根,都具有战略意义。

# 多元时代需要更强大的民族精神

## 周公制礼作乐具有划时代意义

我们先回顾中华文明从远古到上古时代的基本进程。大约距今一万年左右,中国从旧石器时代进入新石器时代,农业文明开始出现。中国人在北方的农业区最早成功栽种了小米,在南方的水田农业区最早培育成功了大米。经过数千年的交流与互补,到距今四千年左右,融汇为灿烂的夏代青铜文明。从夏朝到商朝的一千年中,中国依然是农业社会,生活的主题是为不断增长的人口压力谋求粮食等物质生活资料。到商代末期,社会物质生活已相当富足,青铜文明臻于极盛。至此,人类社会发展的目标似乎已经达到,此后只有量变,再无质变。

但是,商代富裕的物质生活失去了理性精神的引领,贵族们骄奢淫逸,滑入了腐败的深渊。其深层的原因是,殷人政治文化的特点是迷信鬼神,以为只要殷勤祭祀,祭品丰厚,就能得到天佑神助,任何人奈何不得。纣王在覆灭的前夜,依然笃信"我生不有命在天"(《尚书·西伯戡黎》)。牧野之战,殷商王朝一朝覆灭,作为西周新政权主要设计者的周公,不能不受到巨大震动,"不可不监于有夏,亦不可不监于有殷"(《尚书·召诰》),必须吸取他们的前车之鉴,方能求得长治久安。

周公面临两种选择,一是把商朝的国家机器当作一份巨额资产来接管,按既有的治国模式运作,"以暴易暴",以新的暴政替代旧的暴政;二是吸取商亡的教训,革除旧弊,提出新的治国理念与模式。周公选择了后者。从《尚书》收录的周公的诸多训诫看,周公新政的主要理念如下:

民本。民众是立国之本,不可轻忽。武王在率师渡孟津时说,"天矜于民,民之所欲,天必从之"(《尚书·泰誓上》),上天是尊重民意的,民众要想做到的事,上天必定会顺从。周公要求执政者体恤小民"稼穑之艰难",要保惠庶民,不可欺侮,他引古语说,"人无于水监,当于民监",要把小民的感受作为反观自己为政得失的镜鉴。中国民本主义思潮由此而起,并迅速并成为思想界的主流意识,对中国文化产生深远影响。而这种思想在古希腊的产生和流传,比中国至少晚了五六个世纪。

明德。在《尚书》中,周公反复提及"明德",意思是昌明执政者个人的德性与治国理民的德政。周公"勤用明德"(《梓材》),明德光于天地,勤政施于四方,他说,"至治馨香感于神明,黍稷非馨,明德惟馨"(《君陈》),至德之治发出的馨香可以上感神明,供桌上的黍稷不香,光明的德性才有真香。纣王不明其德,所以为上天所灭;周文王有明德,所以才为上天所立。能否长治久安,不在天命,而在我之德,"天作孽犹可违,自作孽不可活"(《太甲》)。《诗·大雅·文王》说"自求多福",要把命运寄托在自己身上,周人高度的道德觉醒,由此可见。

勤政。《尚书》中的《无逸》一篇,周公以殷王中宗、高宗、祖甲,以及周文王等四位"迪哲"为例,向成王阐述勤政之道。周公说,殷代统治者并非一开始就昏庸无道,恰恰相反,中宗、高宗、祖甲都懂得"治民祗惧,不敢荒宁"的道理,治民都有敬畏之心,政事无大小,都能恭敬从事,不敢荒淫,因而都能长久地享有国祚:中宗在位七十五年、高宗五十九年、祖甲三十三年。而祖甲以下的殷王,"惟耽乐之从",所以,"罔或克寿",都是短命的君王,在位超不过十年。周文王也是成天忙于政务,达到"不遑暇食"的地步,故在位五十年。所以勤政与否,事关国运的兴衰与国祚的长短。

禁酒。《尚书》的《酒诰》篇,可以视为周公的"禁酒令"。周公之弟康叔受封于殷商旧地卫国,当地民众久受纣王影响,嗜酒成风。周公告诫康叔,纣王亡国的重要原因之一是酗酒,"腥闻在上",使得上天都闻到了他们的酒腥;为此他要求康叔"罔敢湎于酒,不惟不敢,亦不暇",不许沉湎于酒,不仅不敢,而且没有这种闲暇。只有祭祀时可以少量饮酒,但不能醉。对酒醉误事者要杀无赦。

克商之后不久,周武王即去世,当时天下未安,成王年幼,不能亲政。周公受命于危难之际,摄政当国,"一年救乱,二年伐商,三年践奄,四年建侯卫,五年营成周,六年制礼作乐,七年归政成王"(《尚书大传》)。周公平定天下之后,乃归政于成王,自己退隐,为防止人去政息,周公制定了体现道德理性原则的礼乐制度,史称"制礼作乐"。

殷周鼎革之际,周公用理性的方式完成政权更迭,制定了以礼乐为纲纪的典章法则,使道德成为治国理民的强大基石,这在中国历史上是具有划时代意义的伟大抉择。王国维说:"中国政治与文化之变革，莫剧于殷、周之际。"鉴于纣王失德亡国的教训，周人"深知夫一姓之福祚与万姓之福祚是一非二，又知一姓万姓之福祚与其道德是一非二，故其所以祈天永命者，乃在'德'与'民'二字"。"周之制度、典礼，实皆为道德而设……其旨则在纳上下于道德，而合天子、诸侯、卿大夫、士、庶民以成一道德之团体，周公制作之本意，实在于此。""殷周之兴亡，乃有德与无德之兴亡"，是"旧制度废而新制度兴"。(《殷周制度论》)真是不刊之论！

周公之后，经过孔子、孟子的推阐与弘扬，以道德立身、立国，主张"为政以德"(《论语·为政》)，相信道德的力量，恪守正义的信念，"得道者多助，失道者寡助。寡助之至，亲戚畔之；多助之至，天下顺之。"(《孟子·公孙丑下》)这一思想原则成为中国人的文化信仰，造就了中华民族优秀的文化传统。

## 礼乐文明是周代社会的纲纪

周公制礼作乐，深入人心，影响极为深远。春秋末年，王纲解纽，天下大乱，但是，读《左传》可知，政治精英念念不忘的，依然是周公制作的"先君之礼"与"古之制"，他们将礼视为与"天经"、"地义"等同的概念，是经邦治国、安身立命的大经大法，如：

夫礼，天之经也，地之义也，民之行也。(《左传·昭公二十五年》)

礼以顺天，天之道也。(《左传·文公十五年》)

礼以顺时。(《左传·成公十六年》)

礼，经国家、定社稷、序民人、利后嗣者也。(《左传·隐公十

一年》)

礼,国之干也。(《左传·僖公十一年》)

礼,政之舆也。(《左传·襄公二十一年》)

礼,王之大经也。(《左传·昭公十五年》)

礼,身之干也。(《左传·成公十三年》)

道德仁义,非礼不成。教训正俗,非礼不备。分争辨讼,非礼不决。君臣、上下、父子、兄弟,非礼不定。宦学事师,非礼不亲。班朝治军,莅官行法,非礼威严不行。祷祠祭祀,供给鬼神,非礼不诚不庄。(《礼记·曲礼》)

道德为万事之本,仁义为群行之大。礼是依道德理性要求制定之法则,其价值在于将原本属于抽象范畴与概念的道德理性,转换为视而可识、触之可及的社会现实,使社会纲纪真正树立。礼,即理;非礼,即非理。两者为表里,几乎通用不别。

孔子与其后的七十子之徒将礼与人格的确立相联系,礼被视为人之所以为人的标志,是修身厚德的基础。道德仁义再好,不借由礼的践行,则终究为虚言浮词。自孔子提出"鸟兽不可与同群",孔门弟子相继阐发,以礼为区别人与禽兽的标志,如:

凡人之所以为人者,礼义也。(《礼记·冠义》)

鹦鹉能言,不离飞鸟。猩猩能言,不离禽兽。今人而无礼,虽能言,不亦禽兽之心乎?是故圣人作,为礼以教人,知自别于禽兽。(《礼记·曲礼》)

孟子把"仁义礼智"四端作为人性本善的理由,礼居其一,无礼者谓之非人。诗礼传家,以礼为修身之宝,成为中国文化中不可或缺的理念,世世传承。

读历代史书,以礼为治国纲纪的思想可谓贯穿始终。欧阳修

《新唐书》的《礼志》，比较"三代以上"与"三代以下"之治的得失，断然将礼治作为最重要的判据。司马光《资治通鉴》第一卷第一句话就是"天子之职，莫重于礼"，全书以礼为准绳，评论为政得失。其后的顾炎武，曾国藩，梁启超等也无不如此。钱穆说："梁任公以中国重礼治与西方重法治相对，此可谓深得文化分别之大旨所在。"（《中国知识分子》）

## 礼贯穿于中国文化的五个层面

中国文化中的"礼"，并非仅指礼貌、礼节，或者仪式、礼仪，它的内容涵盖一切，在西方语言中没有对等的词汇可以翻译，与西方人所说的"文化"相当。这是中国之外，任何国家都没有的特殊现象。大较而言，"礼"自上至下包括五大方面：

政治理想。大凡一位政治家，或者一个政党，为给社会指明终极的发展目标，都会描绘理想社会的蓝图，柏拉图的《理想国》即其例。这类文献在西方学术体系中属于政治学范畴。中国不然，在中国它属于"礼"的范畴。儒家的政治理想，是建立天下为公的大同世界，其最高表述乃是《礼记·礼运》篇。孔子阐述的大同世界的学说，直到近代依然不衰，成为鼓舞志士仁人前赴后继地为之奋斗的伟大目标。孙中山生平题词最多的，乃是"天下为公"四字，但凡有孙中山故居、遗迹之处，几乎都可见到。

天人关系。天地化生万物，人仰赖万物而存。人与自然如何相处？人是宇宙万物的主宰，还是自然界的一员？人类社会的发展，是以牺牲万物为前提，还是应该与万物共存共荣？这类问题，在中国文化中同样属于礼的范畴。《礼记》有《月令》篇,记一年十二个月每月的天象、物候与当行之令等。其中,保护生态环境、保护禽兽生存的措施,是重要内容之一。如春天不可伐幼树、不得掏鸟窝、不得捕杀怀孕的母兽,等等。这些表达中国人理性处理天人关系的理念,都是以礼的形式被规定下来,成为人与自然和谐相处的法则。

官民关系。如何处理政府与民众的关系,在西方也属于政治学的基本课题,中国则同样属于礼的范围。儒家反对用"道之以政,齐之以刑"的治民之道,主张用"道之以德,齐之以礼"的治民之道。儒家经典《周礼》一书全面展开这一理念,官政、吏治、民政、教育、市场、税收、军政、司法、营造,等等,上至官府的管理,下至民众的生计与教化,无一可以逸出于"礼"之外。

人际关系。人是具有社会性的动物,人只有结成群体,方能战胜严酷的自然环境,推动社会进步。但人人都有自身的利益,若人人争利,则彼此残杀即随之而起。儒家提倡国家、社会的整体利益,要求人们彼此尊重、互相谦让,为此而制定了一整套交际的礼仪规范,人人遵行,则社会和谐。

修身养心。从身与心两大方面不断砥砺、切磋、琢磨,成为内外兼修、身心俱佳的君子,成为一个真正意义上的人、一个大写的人,甚至成圣成贤,成为中国人的人生目标。《礼记》说"致礼以治躬",躬就是身,学习与履行"礼"的规范,可以使人的行为举止温文尔雅,彬彬然有君子之风;"致乐以治心",心是一身之主,常听德音雅乐,润物细无声,可以引导人心走向和顺的境界。礼乐相将,则人人可成为君子。

礼的范围如此广大,所以钱穆先生说,"修身齐家治国平天下皆须礼。礼之和合范围大,故中国人极重礼。"(《现代中国学术论衡》)又说,"中国政治是一个礼治主义的。倘使我们说西方政治是法治主义,最高是法律,那么中国政治最高是'礼',中国传统政治理想是礼治。"(《中国史学名著》)

## 礼乐文明的学理

在《礼记·经解》中,孔子提及用诗、书、礼、乐、易、春秋等六经教化民众的理念,其中说到礼教与乐教。礼与乐为何可以教民,这是一个有着很深理论底蕴,也是非常高妙的治国理念。

大凡一位思想家或政治家在推出自己的学说时,总要寻找人类在心理或生理方面的共同特征。这一特征寻找得越是正确,则其学说越具有普世价值,越容易被人们所接受。儒家认为,万物"莫不有道"。"[不]由其道,虽尧求之弗得也"(《郭店楚墓竹简·六德》)。

儒家认为,人类最大的共同点,是具有相同的人性,"四海之内,其性一也"。(《郭店楚墓竹简·性自命出》)无论地位高下、家庭贫富,人性皆同,荀子说:"凡人之性者,尧舜之与桀跖,其性一也。君子之与小人,其性一也。"(《荀子·性恶》)人性来自生命,生命来自天,《郭店楚简·性自命出》说,"性自命出,命自天降"。《中庸》将两句合并为一句:"天命之谓性",意思一样,都是说人性与生俱来,不学而有,不教而能,谁都无法排斥,只能因势利导,因而具有天然的合理性。治理民众,必须从承认并且尊重人性这一前提出发,所以《中庸》说"率性之谓道",遵循常人之性去治民,则庶几近于道。

"性"深藏于人的体内,一旦受到外物的刺激,便会外露为"喜怒哀乐",转化为尽人皆知的"情"。人是一种情感极为丰富的动物,人每天从早到晚,甚至终其一生,都被自己的情绪所左右。人非圣贤,自己的情绪很难自发地达到处处"中正"的境地,或大喜大悲,或狂躁暴怒,或消极颓废,总之,不是太过,就是不及。如果情绪把握不好,轻则言行失当,重则引发恶性事件。治国的基础是治民,治民的要谛是在身与心两方面,在身而言,则是言谈举止是否有教养;在心而言,则是内在心态是否平和安顺。就个人修身而言,也不外乎这两者。因此,无论从政府治民的角度,还是从自我的修为而言,都是要求人人向身心双修(或者说内外兼修)的方向努力。而礼乐,正是为消除这两方面的问题提供解决之道。

礼缘情而作,是为了帮助人们正确地表达自己的情感而制作的行为规范,"礼者,因人之情而为之节文"(《礼记·坊记》),"礼生于情"(《郭店楚简·语丛二》),《中庸》是中国思想史上的经典之一,大旨是在喜怒哀乐"未发"与"已发"之间立意,教导人们喜怒哀乐之情要得到理性的制约,要"发而皆中节",要正确拿捏住自己的情感。

举例来说,父母亲逝世,子女内心的悲伤势必会表现在情感上,但程度不等,有两种极端的表现:一种是毫不伤心,一副无所谓的样子,照样饮酒吃肉,歌舞娱乐;另一种是过度悲伤,不吃不喝,捶胸顿足,号啕痛哭,结果丧事尚未办完,自己就已去世。前者不孝,愧为人子,理当谴责;但后者亦未必就是,子女不能理性控制自己的情感,"以死伤生",因为死者而伤害生者,这是死者所不希望看到的。前者属于悲情不足,后者则是悲情太过,过犹不及,都不符合礼的要求。为此,丧礼作了许多理性的措施,例如亲人刚去世的三天,子女悲痛欲绝,不吃不喝,其心情可以理解,但此后再不吃,就有性命之虞,所以丧礼规定,此时邻居一定要强迫孝子喝粥,为了家庭的未来,一定要节哀顺变;又如子女孝心不足,亲死不痛,也有解决之道。丧礼规定,亲人死,孝子要居住在简陋的倚庐(丧棚)中,身穿丧服,不得茹荤饮酒,意在时刻提示子女:自己正在丧期之中!父母生前百般慈爱,此时不应无情无义。以此把他们内心的亲情提升到应有的高度。这些安排的深意在于,降低贤者过度的哀情,提升不孝之子低陷的亲情,使两者都能及于"中"的境地,正如《礼记·丧服四制》所说:"贤者不得过,不肖者不得不及,此丧之中庸也。"

人在生活中,每天要与父母、师长、上司、配偶、朋友等不同身份的人交往,人们不应该用对待父母的方式去对待朋友,也不可以用对待朋友的方式去对待尊长,既不能太谄媚,也不能太随便,要把分寸拿捏好。要做到既得体又典雅,就需要通过礼来学习与体会,习之既久,则君子风范宛然而生。

通过礼来规范自身言行,并非困难之事,难点是在对心的涵养与调适。心为一身之主,心不正,外面做得再好,也只是假象,没有实际意义。端正内心的主要途径有二:一是通过读书明理,懂得"知止而后有定,定而后能静,静而后能安,安而后能虑,虑而后能得"(《大学》)的道理,使心归于中正;二是听德音雅乐,使心灵净化和谐。音乐生于人心。心为外物所感,就会发出感叹之声;如果觉得这样表达还不足以表达内心的情感,就会歌咏;如果觉得这样还不足,就会手舞足蹈。人心相同,所以音乐打动人心最快、最深、最有力,所以儒家十分重视音乐,将它用于教化。

《乐记》是迄今所见年代最早的记述儒家音乐理论的专著,内涵极其丰富,其中最基本的一点是将后世所谓的"音乐"划分成声、音、乐三个层次:"声",是其中最低的层次,没有旋律、没有审美情趣,是人类生物本能的表现,但凡是有听觉器官的,不管是人还是禽兽,都能感知。"音",是经过文饰的情感之声,它往往与歌者的言、嗟叹、咏歌、手舞、足蹈等言语、体态相配合,成为一种复杂的表达体系。《乐记》说:"凡音者,生人心者也。情动于中,故行于声。声成文,谓之音。"但是,音有好有坏,良莠不齐。如靡靡之音,足以让人萎靡不振,沉溺不起,是亡国之音。宣扬暴力的音,则会让人疯狂,于人于国都不利。因此,对"音"要进行汰选,只有那些主题健康中正、节奏庄重舒缓、风格典雅平和、富于道德内涵的音,才配称之为"乐",所以《乐记》说"德音之谓乐"。乐是音的最高层次,《乐记》说:"夫乐者,与音相近而不同。""知音而不知乐者,众庶是也。唯君子为能知乐。"唯有君子真正懂得乐,"故唯得道之人其可与言乐乎!"(《吕氏春秋·大乐》)郭店楚简《语丛三》提出一个命题:"乐,服德者之所乐也。"《五行》也说:"唯有德者然后能金声玉振之。"将乐与德相提并论,认为乐是有德者之乐。乐能够从根本上左右民众的心志的走向,润物细无声,于悄然之中淳化民性。因此《孝经》说:"移风易俗,莫善于乐。"

礼乐教化,可以使人从根本上向善,内外皆化,德性充盈,所以《郭店竹简·尊德义》说:"乐,内也。礼,外也。礼乐,共也。""德者且莫大乎礼乐。"

多元时代需要更强大的民族精神　205

## 多元文化与礼乐教化

近些年来,"多元文化"成为最流行的词语。不少人认为,一国之内的文化应该是多元的、民族文化只是多元选择之一。这是一种似是而非的理论。

从世界文明的总体结构而言,人类文明是多元文明。由于各国的地理环境、历史传统不同,故各国文化无不具有区域特点。历史上形成的阿拉伯民族、印第安民族、亚洲民族、欧洲民族、非洲民族,彼此之间的差异,除了体质、肤色和生存环境之外,主要是文化的不同,从而形成了多元文化的世界格局。各种异质文明犹如百花园里的花朵,异彩纷呈,相互映衬。不同质的文化,各有千秋,互有优长,正是由于文化的多样性,人类文明呈现出多姿多彩、缤纷灿烂的气象。

二十世纪六十年代重提"多元文明"的本意,恰恰是要尊重并保护各国的本位文化。某些西方大国在推行军事霸权主义、经济霸权主义的同时,妄图推行文化霸权主义,试图用他们的文化来统一全球的文化。他们在"经济全球化"的旗号下,利用高科技手段和强势媒体,大力冲击世界各国的异质文化。经济全球化有可能带来文化全球化,从而导致某些文明的消亡。不少经济欠发达国家,在经济和文化上已经沦落为美国的附庸,彻底丧失了自我,这是非常危险的前景。

最早意识到这种危险的是法国。法国人提出了"捍卫文化的多样性"的口号,积极捍卫本土文化,认为无论哪种文化都应该被保留在人类的集体记忆中,"尊重其他文化,是人类伦理的核心支柱之一",其含义是尊重文化最根本的异质性,尊重身份特征的差异。

法国的主张得到世界各国许多有识之士的赞同。"多元文化"的提出,是各国希冀在世界文明的舞台上为自己的本位文化寻求一席之地,在国际交往中保有自己的文化身份。细想,当今的大国参与国际交往的程度都不输于我们,但他们哪国不是极力保留自己的文化传统?

反观近年国内出现的所谓"多元文化"思潮,恰恰违背了反对文化霸权主义的初衷。他们在"与国际接轨"的口号下,堂而皇之地用美国文化取代我们的本位文化,把中华文化接到美国文化的轨道上。这种在文化上自我殖民的做法不仅理论上不通,在实践上也是极其有害。

世界政治,只有多元格局才是最稳定的。世界经济的格局也是如此,欧盟、东盟等之类的区域性的经济共同体越来越多,正是为保护自身经济利益而做出的应对之策。单极的世界经济体系,只能造成一霸独大,无法导向世界的和谐与发展。

我们不能用抬高某种文化、排斥其他文化的办法来发展本位文化。好比黄梅戏与越剧,属于不同的戏种,没有优劣之分,它们的共存,有利于促进戏曲的繁荣。如果硬要用某一个戏种去统一其他所有的戏种,戏剧的生命也就终结了。因此,不同文化的和谐共处,有利于互相学习、互相借鉴和整体提升。各民族人民在创造自己独特的本位文化的同时,也是在为世界文明作出贡献。人们常说,"只有民族的,才是世界的",就是这个道理。

百年以来,由于特定的历史背景,礼乐文化受到了不公正的对待。在一个时期内,"礼教吃人"和"克己复礼就是复辟万恶的奴隶制"曾成为举国上下的"共识",人人谈"礼"色变,以"礼"为洪水猛兽,避之唯恐不及。久而久之,人与人之间已无礼可言,引发诸多社会问题。在这种情况下,又有人提倡西方礼仪,甚至提出要将西方商务礼仪作为中小学生应知应会的民族礼仪加以推广。长此以往,中华民族的文化基因将从根本上发生变异。

任何一国的发展,都不能离开本位文化的根。1914年,梁启超在与清华学生座谈时说:"清华学生除研究西学外,当研究国学,盖国学为立国之本,建功立业,尤非国学不为功。"严复先生曾经提出国民的"国性"问题。"国性"即民族的文化个性,是民族成员在长期的社会生活中逐步积淀起来的,是一国、一种族赖以凝聚的内核,它的理论形态载在民族经典之中。

民族的复兴需要民族精神的引领,需要找回本位文化的价值,因此,文化的复兴是第一位的。在两千多年古代中国文明的长河中,礼起到了最为核心的作用,对政治、文化、经济、风俗等产生了不可估量的影响。研究中国文化不能不及于礼乐文明,它不是沉重的历史包袱,而是宝贵的精神财富,我们理应从中吸收有益的养分。中华民族的伟大复兴,既然需要借鉴世界一切民族的文化财富,就更没有理由拒绝本国的宝贵财富。没有强大的民族文化,而只有七拼八凑的"多元文化"的民族,只能是一盘散沙,是失去了文化身份的民族,无论其经济一时有多发达,终将无法立足于世界民族之林。